ソウルに会える韓国語会話

アンニョン、ソウル！

丁仁京・金庚芬

HAKUEISHA

　本書は、ハルとアキの姉妹が、はじめて韓国のソウルへ旅行に行って、4泊5日の日程で韓国を楽しむというコンセプトで作られた会話本です。ソウルの観光地を見物したり、韓国の文化に触れたり、美味しい食べ物を味わったり、ショッピングを楽しんだり、若者文化に触れたりと、様々なソウルに出会うことができます。皆さんもハルとアキと一緒に韓国のソウルを楽しんでみませんか。

　「ソウルに会える韓国語会話　アンニョン、ソウル！」というタイトルには、この本を通して、楽しいソウルに出会えてほしいという思いが込められています。

　本書は、ソウルの22の場所と77の会話場面で構成されています。22の場所には、会話の状況がわかるようにイラストと重要表現が提示されています。旅行の様々な場面で使える表現の他に、日常会話でよく使える表現もたくさん紹介しています。

　その他に、「まずはここをチェック！」では、韓国語の文末表現の特徴、あいさつ表現、発音変化がまとめられており、巻末に、助詞、数詞、月日、曜日、時刻なども載せました。

　旅行に行ったつもりで韓国語会話を楽しみたい方を対象としていますが、会話文のすべての単語と詳細な文法情報をQRコードで提供しているので、韓国語の文法をしっかり学びたい方や語彙を増やしたい方にもおすすめです。

　最後になりますが、この本の出版を快く引き受けていただいた、

出版社日本法人博英社の中嶋啓太代表取締役、そして詳細な構成や表現を念入りに確認してくださった金善敬編集委員をはじめとする編集部の皆さまに心より感謝申し上げます。また、趙英恩先生（明星大学）をはじめたくさんの方々にお世話になりました。心から感謝いたします。

2023 年冬　丁仁京・金庚芬

本書の構成と使い方

ソウルの全景地図の上に、ハルとアキが4泊5日間訪れる場所を示しています。

서울 지도
ソウルの地図

次に、その日ごとに訪れる地名と、その場所を地図の上に示しています。

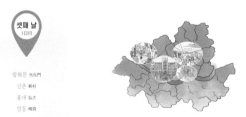

셋째 날
3日目

광화문 光化門
신촌 新村
홍대 弘大
명동 明洞

タイトル

日程とその日に訪れる場所
です。

셋째 날
3日目

네 번째 장소 4番目の場所

찜질방 체험 チムジルパン体験

QRコード

スマートフォンでQRコード
を読み込むと音声が再生され
ます。

イラスト

イラストで各場面の状況を示
しています。

吹き出し

各場面の重要表現を示してい
ます。

341 찜질방에서 チムジルバンで

직원	여기 수건하고 실내복입니다. 그리고 이 키로 신발장이랑 라커 같이 사용하시면 됩니다.
하루	네, 근데 마사지 한 명하고 때밀이 한 명 예약하고 싶은데요.
직원	한 시간 뒤에 가능한데 괜찮으세요?
하루	네, 괜찮아요.
직원	그럼 나중에 번호 부르면 오세요.

職員	こちら、タオルと室内着です。そしてこちらの鍵で、下駄箱とロッカー両方、お使いください。
ハル	はい、ところでマッサージを1人と垢すりを1人、予約したいんですか。
職員	1時間後になりますが、よろしいでしょうか。
ハル	はい、大丈夫です。
職員	それでは、後ほど番号でお呼びします。

単語

찜질방 チムジルバン	여기 ここ	수건 タオル
실내복 室内着	그리고 そして	이 この
키 キー、鍵	신발장 下駄箱	라커 ロッカー
같이 一緒に	사용하다 使用する	근데 ところで
마사지 マッサージ	한 명 1名	때밀이 垢すり
예약하다 予約する	한 시간 1時間	뒤 後
가능하다 可能だ	괜찮다 大丈夫だ	그럼 では
나중에 後で	번호 番号	부르다 呼ぶ
오다 来る		

表現

몇 분이세요? 何名様ですか。
계산은 나중에 키로 하시면 돼요. お会計は後で鍵でお願いします。

音声ダウンロードについて ✈

1 **全体のダウンロード QR コード　1 個**

音声全体のダウンロードは、右側の QR コードを読み
込んで、ダウンロードしてご利用ください。

2 **場所ごとのダウンロード QR コード　22 個**

例示　9PG QR クリック時

(1) QR リンクページに移動されるので、そのリンクをクリックして
ください。

(2) グーグルドライブのフォルダに以下のファイルがあります。必
要に応じて、ストリーミング、またはダウンロードしてください。

3_4_ 셋째 날 (3 日目)_ 네 번째장소 (4 番目の場所)_ 찜질방 체험 (チム
ジルバン体験).mp3

341_ 찜질방에서 (チムジルバンで).mp3

342_ 한증막에서 (蒸し風呂で).mp3

343_ 간식 사 먹기 (おやつを買って食べる).mp3

会話文の全体単語と文法情報は、
QRコードを読み込んで、ダウンロードしてご利用ください。

目次 ✈

서울 지도
ソウルの地図

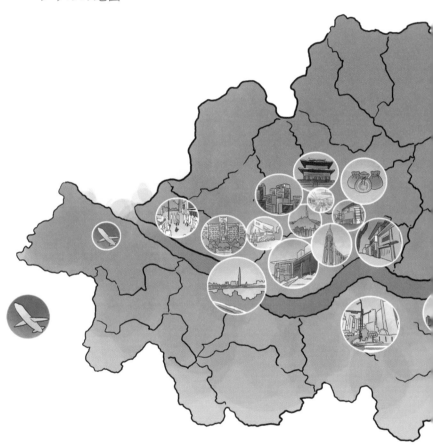

登場人物の紹介

　山田ハルと山田アキは姉妹であり、ハルは会社員、アキは大学生です。
　キム・ミンスは韓国人で会社員です。大学生の時、日本に語学研修に来たことがあり、その時にハルと友達になりました。

ハル
(하루)

アキ
(아키)

ミンス
(민수)

文末表現の特徴

　韓国語の敬意体には、「합니다体」と「해요体」があります。「합니다体」
は格式ばった表現で、「해요体」は打ち解けた表現です。

합니다 体　　　　해요 体

한국에 갑니다.　　　한국에 가요.　　　韓国に行きます。

비빔밥이 맛있습니까?　비빔밥이 맛있어요?　ビビンバが美味しいですか。

　非敬意体には、「해体」と「한다体」があります。「해体」は同年輩や
年下の親しい人に使う表現で、「한다体」は、主に小説や新聞など、文
章の形で用いるものですが、一部会話でも用います。

해 体　　　　　　　한다 体

한국에 가. 韓国に行くよ。　　　한국에 간다. 韓国に行く。

비빔밥이 맛있어?　　　　비빔밥이 맛있다.

ビビンバが美味しいの?　　　ビビンバが美味しい。

あいさつ表現

会った時のあいさつ

안녕하세요? / 안녕?

お元気でいらっしゃいますか、おはようございます、こんにちは、こんばんは。

時間帯に関係なく、人と会ったときに使う表現です。家庭内では使いません。
なお、友達同士では"안녕"を使います。

別れのあいさつ

去って行く人に対して「さようなら」

안녕히 가세요.　お元気でお行きください。

留まる人に対して「さようなら」

안녕히 계세요.　お元気でいらしてください。

안녕.　バイバイ

初めて会った時のあいさつ

처음 뵙겠습니다.　はじめまして。
만나서 반갑습니다.　お会いできてうれしいです。

感謝のあいさつ

감사합니다. / 고맙습니다.　ありがとうございます。
고마워.　ありがとう。

謝罪のあいさつ

죄송합니다. / 미안합니다.　申し訳ありません。
미안해.　ごめん。

食事のあいさつ

잘 먹겠습니다.　いただきます。
잘 먹었습니다.　ごちそうさまでした。

応答の表現

예. / 네.　はい。　　　　　응. / 어.　うん。
아니요. / 아뇨.　いいえ。
아니에요.　いいえ。
천만에요.　どういたしまして。
괜찮아요.　大丈夫です。結構です。

発音の変化

1. 連音化

終声字（パッチム）は次に来る母音と結びついて発音されます。

한국어 [한구거] 韓国語　　　　　　　　일본어 [일보너] 日本語

2. 鼻音化

終声「ㅂ, ㄷ, ㄱ」の後に、鼻音の「ㅁ, ㄴ」が来ると、終声の「ㅂ, ㄷ, ㄱ」がそれぞれ鼻音「ㅁ, ㄴ, ㅇ」に変わって発音されます。

첫눈 [천눈] 初雪　　　　　　　　식물 [싱물] 植物

3. 濃音化

平音の「ㅂ, ㄷ, ㅈ, ㅅ, ㄱ」は、終声の「ㅂ, ㄷ, ㄱ」の後では濁らず、濃音で発音されます。

잡지 [잡찌] 雑誌　　　　　　　　숟가락 [숟까락] スプーン

4. 「ㅎ」の無音化、弱化

「終声字ㅎ＋母音」の組み合わせでは、常に「ㅎ」は発音しません。また、「終声ㄴ, ㄹ, ㅁ, ㅇ＋初声ㅎ」の組み合わせでは、通常「ㅎ」が弱くなって発音されます。

좋아요 [조아요] 好きです　　　　　　전화 [저놔] 電話

5. 激音化

終声字「ㅎ」の後に来る「ㄷ, ㅈ, ㄱ」はそれぞれ激音「ㅌ, ㅊ, ㅋ」に変わります。また、終声の「ㅂ, ㄷ, ㄱ」の後に「ㅎ」が来ると、それぞれ対応する激音「ㅍ, ㅌ, ㅋ」で発音されます。

> 좋다 [조타] 良い　　　　　축하 [추카] お祝い

6. 「ㄴ」音の挿入

合成語の場合、前の語が子音で終わり、後続の語が「이, 야, 여, 요, 유」で始まる場合、「ㄴ」音が挿入されます。

> 담요 [담뇨] 毛布　　　　　무슨 요일 [무슨뇨일] 何曜日

7. 流音化

「ㄴ」と「ㄹ」が隣り合うと、「ㄴ」は流音「ㄹ」に変わり、「ㄹㄹ」と発音されます。

> 한류 [할류] 韓流　　　　　설날 [설랄] 元旦

첫째 날
1日目

공항 空港

명동 明洞

인사동 仁寺洞

경복궁 景福宮

남산 南山

기내, 공항, 명동 機内、空港、明洞

111 기내에서 機内で

하루	담요 좀 주시겠어요?
승무원	네, 잠시만요.
승무원	음료는 뭘로 하시겠어요?
아키	뭐가 있어요?
승무원	커피, 녹차, 주스, 콜라, 물이 있습니다.
아키	콜라 주세요.

ハル	毛布、いただけますか。
事務員	はい、少々お待ちください。
事務員	お飲み物は何になさいますか。
アキ	何がありますか。
事務員	コーヒー、緑茶、ジュース、コーラ、お水がございます。
アキ	コーラください。

単語 ✈

기내 機内	담요 毛布	좀 ちょっと
주다 くれる	잠시만요 少々お待ちください	음료 飲み物
뭘 (←뭐) 何	있다 ある	커피 コーヒー
녹차 緑茶	주스 ジュース	콜라 コーラ
물 水		

📍 表現

뭐 드릴까요? 何を差し上げましょうか。

112 입국 심사 入国審査

직원	여권 보여 주세요.
하루	여기요.
직원	방문 목적이 무엇입니까?
하루	여행입니다.
직원	얼마나 머무시나요?
하루	4박 5일이요.
직원	손가락을 여기에 올려 주시고 카메라 보세요.

職員	パスポートを見せてください。
ハル	どうぞ。
職員	訪問の目的は何ですか。
ハル	旅行です。
職員	どれくらいの滞在ですか。
ハル	4泊5日です。
職員	指をこちらにのせて、カメラを見てください。

(単語) ·· ✈

입국 入国	심사 審査	여권 パスポート
보이다 見せる	여기요 どうぞ	방문 訪問
목적 目的	무엇 何	여행 旅行
얼마나 どれくらい	머물다 留まる	4[사]박 5[오]일 4泊5日
손가락 指	여기 ここ	올리다 のせる
카메라 カメラ	보다 見る	

📍 表現

며칠 있을 계획입니까? 何日間滞在する予定ですか。

어디서 묵으세요? どこにお泊まりですか。

113　짐 찾기, 세관 심사, 환전

手荷物の受け取り、税関審査、両替

하루	KL002 편 짐은 어디에서 찾아요?
직원	저기 5A로 가시면 돼요.
직원	세관 신고서 주세요. 신고할 물건이 있습니까?
아키	아니요, 없습니다.
아키	4만 엔 원화로 환전해 주세요.
직원	여권 보여 주세요.

ハル	KL002便の荷物はどこで受け取りますか。
職員	あそこの5Aに行ってください。
職員	税関申告書を下さい。申告するものはありますか。
アキ	いいえ、ありません。
アキ	4万円をウォンに両替してください。
職員	パスポートを見せてください。

単語 ....✈

짐 荷物	찾다 受け取る	세관 税関
심사 審査	환전 両替	KL002[케이엘 공공이]편 KL002便
어디 どこ	저기 あそこ	5A[오에이] 5A
가다 行く	신고서 申告書	주다 くれる
신고하다 申告する	물건 物	있다 ある
없다 ない	4[사]만 엔 4万円	원화 ウォン貨
여권 パスポート	보이다 見せる	

📍 表現

수하물 찾는 곳이 어디예요?　手荷物受取所はどこですか。
가방 좀 보여 주세요.　かばんをちょっと見せてください。
술이나 담배 있습니까?　酒やたばこはありますか。

114 리무진 버스로 호텔 가기
リムジンバスでホテルへ移動

하루	명동 가는 리무진 버스 표 두 장 주세요.
직원	몇 시 걸로 드릴까요?
하루	제일 빠른 걸로 주세요.
직원	20분 뒤에 있는데 그걸로 드릴까요?
하루	네, 얼마예요?
직원	두 장에 3만 원입니다. 28번 정류장에서 타세요.
하루	감사합니다.

ハル	明洞行きのリムジンバスのチケットを2枚下さい。
職員	何時のバスになさいますか。
ハル	一番早いのをお願いします。
職員	20分後にございますが、それになさいますか。
ハル	はい、いくらですか。
職員	2枚で3万ウォンでございます。28番乗り場でお乗りください。
ハル	ありがとうございます。

単語 ⋯⋯⋯⋯⋯⋯⋯⋯⋯⋯⋯⋯⋯⋯⋯⋯⋯⋯⋯⋯⋯⋯⋯⋯⋯⋯⋯⋯⋯⋯⋯

리무진 リムジン	버스 バス	호텔 ホテル
가다 行く	명동 明洞	표 チケット
두 장 2枚	주다 くれる	몇 시 何時
걸 (←거) もの	드리다 差し上げる	제일 一番
빠르다 早い	20[이십]분 20分	뒤 後
있다 ある	그걸 (←그거) それ	얼마 いくら
3[삼]만 원 3万ウォン	28[이십팔]번 28番	정류장 停留所
타다 乗る		

⋯⋯⋯⋯⋯⋯⋯⋯⋯⋯⋯⋯⋯⋯⋯⋯⋯⋯⋯⋯⋯⋯⋯⋯⋯⋯⋯⋯⋯⋯⋯⋯⋯⋯⋯⋯⋯⋯

📍 表現

공항 버스는 어디에서 타요? 空港バスはどこで乗りますか。

자동발매기는 어디에 있어요? 自動券売機はどこにありますか。

115 호텔 체크인 ホテルのチェックイン

직원	안녕하십니까?
하루	안녕하세요? 체크인 부탁드립니다.
직원	성함이 어떻게 되십니까?
하루	저는 야마다 하루이고 동생은 야마다 아키예요.

職員	いらっしゃいませ。
ハル	こんにちは。チェックインお願いします。
職員	お名前は何とおっしゃいますか。
ハル	私は山田ハルで、妹は山田アキです。

単語 ....

호텔 ホテル	체크인 チェックイン
부탁드립니다 お願いいたします	성함 お名前
어떻게 どのように	되다 なる
저 私	동생 妹、弟

📍 表現

체크인하고 싶은데요. チェックインしたいですが。

이름이 뭐예요? 名前は何ですか。

116 호텔 예약 확인 ホテルの予約確認

직원	오늘부터 4박 5일이시죠?
하루	네, 맞아요. 인터넷으로 예약했어요.
직원	예, 확인됐습니다. 735호실 트윈 룸입니다.
	여기 룸 키입니다. 즐거운 여행 되세요.
하루	감사합니다.

職員	本日からの4泊5日でよろしいでしょうか。
ハル	はい、そうです。インターネットで予約しました。
職員	はい、ご確認いたしました。735号室のツインルームでございます。
	こちらがルームキーでございます。楽しい旅行でありますように。
ハル	ありがとうございます。

単語 ┈┈┈┈┈┈┈┈┈┈┈┈┈┈┈┈┈┈┈┈┈┈┈┈┈┈┈┈┈┈┈┈┈

호텔 ホテル	예약 予約	확인 確認
오늘 今日	4[사]박 5[오]일 4泊5日	맞아요 その通りです
인터넷 インターネット	예약하다 予約する	확인되다 確認される
735[칠백삼십오]호실 735号室	여기 ここ	룸 키 ルームキー
즐겁다 楽しい	여행 旅行	되다 なる

📍 表現

결제는 체크아웃 때 하시면 됩니다.
お支払いはチェックアウトの際にお願いいたします。

여기에 여권 번호랑 연락처를 적어 주세요.
ここにパスポート番号と連絡先をご記入ください。

121 한복 빌리기 韓服レンタル

점원	어서 오세요.
하루	한복을 빌리고 싶은데요.
점원	예약하셨어요?
하루	아뇨, 안 했는데요.
점원	그러세요? 그럼 여기 많이 있으니까 골라 보세요.
하루, 아키	와~, 다 너무 예쁘다!

店員	いらっしゃいませ。
ハル	韓服を借りたいんですが。
店員	ご予約なさいましたか。
ハル	いいえ、してないんですけど。
店員	そうですか。では、こちらにたくさんございますので、お選びください。
ハル、アキ	わー、全部とってもかわいい！

単語 ✈

한복 韓服	빌리다 借りる	어서 오세요 いらっしゃいませ
예약하다 予約する	안 ～ない	그러세요? そうでいらっしゃいますか
그럼 では	여기 ここ	많이 たくさん
있다 ある	고르다 選ぶ	다 全部
너무 とても、あまりに	예쁘다 綺麗だ、かわいい	

📍 表現

한복 빌릴 수 있어요?　韓服、借りられますか。

입어 보세요.　着てみてください。

아름답다/귀엽다　美しい/かわいい（キュートだ）

122 한복 체험하기 韓服体験

하루	이 한복 한번 입어 봐도 돼요?
점원	물론이죠. 두 벌까지는 시착할 수 있고요, 그 중에 하나를 고르시면 돼요.
아키	다 마음에 드는데 어떡하지?
아키	(각자 입어 본 후에) 어때?
하루	대~박 예쁘다! 너한테 잘 어울려. 너는 그걸로 하고 나는 이걸로 할래.

ハル	この韓服、着てみてもいいですか。
店員	もちろんです。2着まで試着できます。 その中から一つ、お選びください。
アキ	どっちも気に入ったんだけど、どうしよう。
アキ	（それぞれ試着後）どう？
ハル	めっちゃかわいい！アキによく似合う。 アキはそれにして、私はこれにする。

（単語）

한복 韓服	체험하다 体験する	이 この
한번 一度	입다 着る	물론 もちろん
두 벌 2着	시착하다 試着する	그 その
중 中	하나 一つ	고르다 選ぶ
다 全部	마음에 들다 気に入る	어떡하지? どうしよう
각자 各自	후 後	어때? どう
대박 めっちゃ、すごい	예쁘다 かわいい	너 君、あなた
잘 よく	어울리다 似合う	그걸 (←그거) それ
하다 する	나 私	이걸 (←이거) これ

📍 表現

예뻐?/어울려?/괜찮지?   かわいい？/似合う？/いいよね？
마음에 쏙 들어요!   すごく気に入りました！
입혀 드릴게요.   着付けいたしますね。

123 계산하기 会計

하루	요금이 얼마예요?
점원	시간에 따라 달라요. 한 벌당 세 시간에 만 5천 원이고, 하루 종일은 3만 원이에요.
하루	그럼 이렇게 두 벌 세 시간 빌릴게요.
점원	네, 감사합니다. 계산은 어떻게 하시겠어요?
하루	카드로 할게요.

ハル	料金はいくらですか。
店員	時間によって違います。 一着当たり3時間1万5千ウォンで、一日レンタルは3万ウォンです。
ハル	じゃ、この2着を3時間借ります。
店員	はい、ありがとうございます。お会計はどうなさいますか。
ハル	カードでお願いします。

単語

계산하다 会計する	요금 料金	얼마 いくら
시간 時間	따르다 よる	다르다 違う
한 벌당 1着当たり	세 시간 3時間	만 5[오]천 원 1万5千ウォン
하루 종일 一日中	3[삼]만 원 3万ウォン	그럼 では
이렇게 このように	두 벌 2着	빌리다 借りる
계산 会計	하다 する	카드 クレジットカード

📍 表現

가격/값 価額、値段

카드/현금/○○페이 돼요? カード/現金/○○ペイ、使えますか。

하루	민수 씨, 잘 지냈어요?
민수	네, 서울에서 만나다니 너무 기뻐요.
아키	안녕하세요? 저는 야마다 아키예요.
민수	만나서 반갑습니다.
아키	언니한테서 얘기 많이 들었어요.

ハル	ミンスさん、お元気でしたか。
ミンス	はい、ソウルで会えてとても嬉しいです。
アキ	こんにちは。山田アキです。
ミンス	お会いできて嬉しいです。
アキ	姉からお話をよく聞いてました。

単語

인사하다 あいさつする	씨 さん	잘 よく
지내다 過ごす	서울 ソウル	만나다 会う
너무 とても	기쁘다 嬉しい	저 私
언니 姉	얘기 話	많이 たくさん
듣다 聞く		

📍 表現

오래간만이에요.　お久しぶりです。

만나고 싶었어요.　お会いしたかったです。

김민수라고 합니다.　キム・ミンスと申します。

132 인사하기 2 あいさつ2

민수 아키 씨 대학생이죠?

아키 예, 3학년이에요.

민수 여름 방학이라서 서울에 여행 왔어요?

아키 네, 저는 한국 여행이 처음이에요.

민수 그럼 우리 즐겁게 여행해 볼까요?

ミンス アキさんは大学生ですよね？

アキ はい、3年生です。

ミンス 夏休みだからソウルに旅行に来たんですか。

アキ はい、私は韓国旅行が初めてです。

ミンス じゃ、私たち、楽しく旅行しましょうか。

単語

인사하다 あいさつする	씨 さん	대학생 大学生
3[삼]학년 3年生	여름 夏	방학 休み
서울 ソウル	여행 旅行	오다 来る
저 私	한국 韓国	처음 初めて
그럼 では	우리 私たち	즐겁다 楽しい

📍 表現

초등학생, 중학생, 고등학생 小学生、中学生、高校生

봄, 여름, 가을, 겨울 春、夏、秋、冬

놀러 왔어요. 遊びに来ました。

133 경복궁 景福宮

아키 　여기가 그 경복궁이에요?

민수 　네, 서울에서 가장 유명한 관광 명소예요.

　　　옛날 조선 시대에 왕이 일하던 곳이에요.

하루 　그렇구나. 한국의 전통을 느낄 수 있어 참 좋아요.

アキ 　ここがあの景福宮なんですか。

ミンス 　はい、ソウルで最も有名な観光名所です。

　　　昔、朝鮮時代に王様が働いていた場所です。

ハル 　そうなんだ。韓国の伝統が感じられて本当にいいですね。

──〔単語〕──────────────────────

경복궁 景福宮	여기 ここ	그 その、あの
서울 ソウル	가장 最も	유명하다 有名だ
관광 観光	명소 名所	옛날 昔
조선 朝鮮	시대 時代	왕 王
일하다 働く	곳 所	그렇구나 そうなんだ
한국 韓国	전통 伝統	느끼다 感じる
참 本当に	좋다 いい	

📍 表現

제일 많이 알려진 궁궐이에요. 　最も知られている宮殿です。

사람들이 많이 찾는 곳이에요. 　たくさんの人が訪れる場所です。

134 경복궁 구경하기 景福宮見物

아키	사람들도 많고 생각보다 굉장히 넓다!
하루	게다가 저기 현대적인 건물이 보여서 신기하네요.
민수	그래서 난 가끔씩 산책하러 와요.
하루	아, 민수 씨 직장이 이 근처라고 했죠?
민수	맞아요. 걸어서 5분이니까 자주 와요.

アキ	人も多いし、思ったよりすごく広い！
ハル	しかも、あそこに現代的な建物が見えて不思議な感じですね。
ミンス	それで私は時々散歩に来ます。
ハル	あ、ミンスさんの職場はこの近くだと言ってましたね？
ミンス	そうです。歩いて5分なのでよく来ます。

単語

경복궁 景福宮	구경하다 見物する	사람들 人たち
많다 多い	생각 思い	굉장히 すごく
넓다 広い	게다가 しかも	저기 あそこ
현대적 現代的	건물 建物	보이다 見える
신기하다 不思議だ	그래서 それで	난 私は
가끔씩 たまに	산책하다 散歩する	오다 来る
씨 さん	직장 職場	이 この
근처 近く	맞아요 その通りです	걷다 歩く
5[오]분 5分	자주 よく	

📍 表現

쉬러 와요.　休みに来ます。

버스/지하철/자전거로 얼마 안 걸려요.
バス/地下鉄/自転車でそんなにかかりません。

좀 멀어요. 그다지 안 멀어요.　ちょっと遠いです。あまり遠くないです。

141 인사동 仁寺洞

민수	저녁 먹기 전에 인사동 구경할까요?
아키	네, 좋아요.
하루	도자기 가게도 많고 기념품 가게도 참 많다.
아키	난 열쇠고리랑 보자기를 사고 싶어.
민수	그럼 우리 가게에 한번 들어가 봐요.

ミンス	夕飯を食べる前に仁寺洞を見物しましょうか。
アキ	はい、いいですよ。
ハル	陶磁器屋も多いし、お土産屋も本当に多いね。
アキ	私、キーホルダーとポジャギを買いたいな。
ミンス	じゃ、ちょっとお店に入ってみましょう。

(単語)

인사동 仁寺洞	저녁 夕飯、夕方	먹다 食べる
전 前	구경하다 見物する	좋다 いい
도자기 陶磁器	가게 店	많다 多い
기념품 お土産	참 本当に	난 私は
열쇠고리 キーホルダー	보자기 ポジャギ	사다 買う
그럼 では	우리 私たち	한번 一度
들어가다 入る		

📍表現

가게 들어가서 구경해 볼까요?　お店に入って見てみましょうか。

선물을 사고 싶어요.　プレゼントを買いたいです。

142 기념품 사기 お土産の購入

하루	이 열쇠고리 디자인이 참 귀엽다.
점원	요즘 인기가 많아요.
하루	이거 하나에 얼마예요?
점원	8천 원인데, 두 개 사시면 만 5천 원에 드릴게요.
하루	그럼 두 개 주세요.
점원	네, 감사합니다. 예쁘게 쓰세요.

はる	このキーホルダー、デザインが本当にかわいいな。
店員	最近とても人気があります。
はる	これ一ついくらですか。
店員	8千ウォンですが、二つご購入いただくと1万5千ウォンとさせていただきます。
はる	じゃ、二つください。
店員	はい、ありがとうございます。ぜひ使ってくださいね。

(単語)

기념품 お土産	사다 買う	이 この
열쇠고리 キーホルダー	디자인 デザイン	참 本当に
귀엽다 かわいい	요즘 最近	인기 人気
많다 多い	이거 これ	하나 一つ
얼마 いくら	8[팔]천 원 8千ウォン	두 개 2個
만 5[오]천 원 1万5千ウォン	드리다 差し上げる	그럼 では
주다 くれる	예쁘다 綺麗だ	쓰다 使う

♥ 表現

요즘 많이 나가요.　最近よく売れています。

너무 비싸요.　高すぎますね。

143 저녁 식사하기 夕食

아키	아, 배고프다~. 벌써 일곱 시네요!
민수	우리 저녁으로 삼겹살 어때요?
아키	좋아요. 저 삼겹살 좋아해요.
민수	근처에 맛있는 삼겹살집이 있어요. 진짜 맛있어요.
하루	그럼 삼겹살도 먹고 파전이랑 막걸리도 먹어요.
아키	빨리 먹고 싶다!

アキ	あー、お腹すいた。もう7時ですね！
ミンス	夕飯にサムギョプサルはどうですか。
アキ	いいですね。私、サムギョプサル好きです。
チミン	近くにおいしいサムギョプサルのお店があります。本当においしいですよ。
ハル	じゃ、サムギョプサルも食べて、チヂミも食べて、マッコリも飲みましょう。
アキ	早く食べたい！

（単語）
.....

저녁 夕食	식사하다 食事する	배고프다 お腹がすく
벌써 もう	일곱 시 7時	우리 私たち
삼겹살 サムギョプサル	어때요? どうですか	좋다 いい
저 私	좋아하다 好きだ	근처 近く
맛있다 美味しい	삼겹살집 サムギョプサルのお店	있다 ある
진짜 本当に	그럼 では	먹다 食べる
파전 チヂミ	막걸리 マッコリ	빨리 早く

.....

📍 表現

배고파 죽겠어요.　お腹がすいて死にそうです。

배불러요.　お腹いっぱいです。

완전 강추예요.　超おすすめです。

144 음식 주문하기 料理の注文

민수	메뉴판 좀 주시겠습니까?
점원	네, 여기요. 메뉴 정하시면 벨을 눌러 주세요.
	(딩동!)
점원	주문하시겠어요?
민수	삼겹살 3인분하고 해물 파전 하나 주세요.
하루	막걸리도 한 병 주시고요.

ミンス	メニュー、もらえますか。
店員	はい、どうぞ。お決まりになりましたら、ベルを押してください。
	（ピンポン！）
店員	ご注文なさいますか。
ミンス	サムギョプサル3人前と海鮮チヂミを一つください。
ハル	マッコリも一本お願いします。

単語 ┄┄┄┄┄┄┄┄┄┄┄┄┄┄┄┄┄┄┄┄┄┄┄┄┄┄┄┄┄┄┄

음식 食べ物、料理	주문하다 注文する	메뉴판 メニュー
좀 ちょっと	주다 くれる	여기요 どうぞ
메뉴 メニュー	정하다 決める	벨 ベル
누르다 押す	딩동 ピンポン	삼겹살 サムギョプサル
3[삼]인분 3人前	해물 파전 海鮮チヂミ	하나 一つ
막걸리 マッコリ	한 병 一本	

表現

자리 있어요?　席、空いていますか。
이 집은 뭐가 맛있어요?　この店は何がおすすめですか。
건배할까요?　乾杯しましょうか。
김치 좀 더 주세요.　キムチのおかわりをお願いします。

151 N서울타워 가기 Nソウルタワーへ移動

아키	저기 보이는 게 N서울타워예요?
민수	네, 맞아요.
하루	우리 서울 야경 보러 가요.
아키	그거 좋은 생각인데! 근데 여기서 가까워요?
민수	버스나 지하철을 타면 금방 가요. 명동역까지 가서 4번 출구로 나가면 케이블카를 탈 수 있어요.

アキ	あそこに見えるのがNソウルタワーですか。
ミンス	はい、そうです。
ハル	ソウルの夜景を見に行きましょう。
アキ	それはいい考えだね！ところで、ここから近いですか？
ミンス	バスか地下鉄に乗ればすぐです。 明洞駅まで行って4番出口を出るとケーブルカーに乗れます。

単語 ··· ✈

N[엔]서울타워 Nソウルタワー	가다 行く	저기 あそこ
보이다 見える	게 (←것이) ものが	맞아요 その通りです
우리 私たち	서울 ソウル	야경 夜景
보다 見る	그거 それ	좋다 いい
생각 思い	근데 ところで	여기 ここ
가깝다 近い	버스 バス	지하철 地下鉄
타다 乗る	금방 すぐ	명동역 明洞駅
4[사]번 4番	출구 出口	나가다 出る
케이블카 ケーブルカー		

📍 表現

굿 아이디어 グッドアイデア

• 케이블카 매표소

민수   어른 세 장 주세요.

직원   어른 왕복 세 명 2만 8천 5백 원입니다.

• 전망대

하루   전망대 입장료는 한 장에 얼마예요?

직원   어른은 만 원이고 어린이는 8천 원입니다.

하루   여기 세 명 3만 원이요.

• ケーブルカーのチケット売り場

ミンス   大人3枚、お願いします。

職員   大人往復、3名様で2万8千5百ウォンです。

• 展望台

ハル   展望台の入場料は一枚いくらですか。

職員   大人は1万ウォン、子供は8千ウォンです。

ハル   3人分3万ウォンです。

単語 ✈

티켓 *チケット*	구매하다 *購入する*	케이블카 *ケーブルかー*
매표소 *チケット売り場*	어른 *大人*	세 장 *3枚*
주다 *くれる*	왕복 *往復*	세 명 *3名*
2[이]만 8[팔]천 5[오]백 원 *2万8千5百ウォン*		전망대 *展望台*
입장료 *入場料*	한 장 *1枚*	얼마 *いくら*
만 원 *1万ウォン*	8[팔]천 원 *8千ウォン*	어린이 *子供*
여기 *ここ*	3[삼]만 원 *3万ウォン*	

📍 表現

여기 있습니다.   どうぞ。

153 야경 구경하기 夜景見物

아키	와~, 진짜 멋있다! 서울이 다 보여요.
하루	이쪽이 강북이고 저쪽이 강남이에요?
민수	네, 그리고 저기 보이는 게 한강이에요.
하루	다리들이 예쁘네요. 불빛들이 다 달라요.

アキ	わー、本当に素敵！ソウルが全て見渡せますね。
ハル	こっちが江北で、あっちが江南ですか。
ミンス	はい、そしてあそこに見えるのが漢江です。
ハル	どの橋もきれいですね。ライトアップの灯りがそれぞれ違います。

単語 ....

야경 夜景	구경하다 見物する	진짜 本当に
멋있다 素敵だ	서울 ソウル	다 全部
보이다 見える	이쪽 こちら	강북 江北
저쪽 あちら	강남 江南	그리고 そして
저기 あそこ	게 (←것이) ものが	한강 漢江
다리 橋	예쁘다 綺麗だ	불빛 灯り
다르다 違う		

 表現

알록달록 色とりどり	반짝반짝 キラキラ

154 사랑의 자물쇠 愛の南京錠

하루	어머, 이게 뭐예요? 다 자물쇠예요?
민수	네, 이건 사랑의 자물쇠라고 해요.
	연인들이 사랑을 다짐하기 위해서 다는 거예요.
하루	그래요? 나도 남자친구 생기면 달아야지!!

ハル	あら、これは何ですか。全部南京錠ですか。
ミンス	はい、これは愛の南京錠と言います。
	恋人たちが愛を誓うためにつけるものです。
ハル	そうなんですか。私も彼氏ができたらつけよう!!

[単語] ··· ✈

사랑 愛	자물쇠 南京錠	이게 これは
뭐 何	다 全部	이건 これは
연인 恋人	다짐하다 誓う	달다 つける
그래요? そうですか	나 私	남자친구 彼氏
생기다 できる		

📍 表現

남친(남자 친구) 彼氏	여친(여자 친구) 彼女
남사친 (남자 사람 친구) 男友達	여사친 (여자 사람 친구) 女友達

둘째 날
2日目

광장 시장 広蔵市場

성수동 聖水洞

잠실 蚕室

211 호텔에서 ホテルで

하루	빨리 일어나! 벌써 일곱 시야.
	오늘 아침은 시장에서 먹기로 했잖아.
아키	괜찮아, 난 세수만 하면 돼.

ハル　早く起きて！もう7時だよ。
　　　今日の朝ごはんは市場で食べることにしてたじゃない。
アキ　大丈夫、私は顔だけ洗えばいいから。

単語 .... ✈

호텔 ホテル	빨리 早く	일어나다 起きる
벌써 もう	일곱 시 7時	오늘 今日
아침 朝ごはん	시장 市場	먹다 食べる
괜찮다 大丈夫だ	난 私は	세수 洗顔
하다 する		

📍 表現

어서 일어나야지.　早く起きないと。

212 광장 시장 広蔵市場

아키	우와~, 아침 일찍부터 사람이 많네!
하루	여기가 서울에서 가장 오래된 재래 시장이래.
아키	진짜? 근데 이 맛있는 냄새 참을 수 없다.
하루	저기 '먹자 골목'으로 빨리 가자.
아키	가자 가자!

アキ	うわー、朝早くから人多いね！
ハル	ここがソウルで一番古い市場なんだって。
アキ	本当？ところで、このおいしそうな匂い、たまらないね。
ハル	あそこの「モクチャコルモク」へ早く行こう。
アキ	行こう、行こう！

(単語)

광장 시장 広蔵市場	아침 朝	일찍 早く
사람 人	많다 多い	여기 ここ
서울 ソウル	가장 最も	오래되다 古い
재래 시장 在来市場	진짜 本当に	근데 ところで
이 この	맛있다 美味しい	냄새 匂い
참다 我慢する	저기 あそこ	먹자 골목 うまいもん横丁
빨리 早く	가다 行く	

◉ 表現

달콤한 향이 진동한다.　甘い香りに満ちている。

견딜 수 없어.　耐えられないよ。

못 참겠어.　我慢できないよ。

213 아침 먹기 朝食

하루　　우선은 김밥을 먹어야 하고….
아키　　나는 빈대떡 먹을래.
하루　　이모님, 여기 주문이요.

아키　　아, 잘 먹었다. 배불러.
하루　　나 너무 먹었나 봐.

ハル　　まずはキンパを食べないと…。
アキ　　私はピンデトックにする。
ハル　　すみません、注文お願いします。

アキ　　あ、おいしかった。お腹いっぱい。
ハル　　私、食べ過ぎたかも。

┌─────┐
│ 単語 │
└─────┘

아침 朝ごはん	먹다 食べる	우선 まず
김밥 キンパ	나 私	빈대떡 ピンデトック
이모님 * おばさん	여기 ここ	주문 注文
잘 よく	배부르다 お腹いっぱいだ	너무 とても

＊이모님（おばさん）　お店の人（主に中年女性）を呼ぶときに使われる呼称。

❶ 表現

주문 받아 주세요.　注文お願いします。
배 터지겠다.　お腹いっぱい。

221 지하철 1회용 교통카드 사기
地下鉄の使い捨てのICカードの購入

아키 지하철을 타고 싶은데 어떻게 하면 돼요?

직원 저기 자동 발매기에서 1회용 교통카드를 사시면 돼요.

아키 네, 그런데 탈 때마다 사야 돼요?

직원 그러면 티머니 교통카드를 사용하면 편리해요.

아키 그렇군요. 감사합니다.

アキ　　地下鉄に乗りたいのですが、どうしたらいいですか。
職員　　あちらの自動券売機で使い捨てのICカードをご購入ください。
アキ　　はい、ところで乗るたびに買わないといけませんか。
職員　　それならTマネー交通カードを使ったほうが便利ですよ。
アキ　　そうなんですね。ありがとうございます。

─── 単語 ─────────────────────────────✈

지하철 地下鉄	1[일]회용 使い捨て	교통카드 交通カード
사다 買う	타다 乗る	어떻게 どのように
하다 する	저기 あそこ	자동 발매기 自動券売機
그런데 ところで	때 時	그러면 それなら
티머니 교통카드 Tマネー交通カード	사용하다 使用する	편리하다 便利だ
그렇군요 そうなんですね		

📍 表現

버스에서 지하철로 환승하면 할인이 돼요.
バスから地下鉄に乗り換えると割引になります。

사용 후에 교통카드 보증금을 돌려 받을 수 있어요.
使用後に交通カードの保証金が戻ってきます。

교통카드 사기 交通カードの購入

점원	어서 오세요.
하루	아이돌 티머니 교통카드 있어요?
점원	네, 여기서 마음에 드는 걸로 고르세요.
하루	이거 주세요. 충전도 돼요?
점원	네, 얼마나 충전해 드릴까요?
하루	2만 원만 해 주세요.

店員	いらっしゃいませ。
ハル	アイドルのTマネー交通カードはありますか。
店員	はい、こちらからお好きなものをお選びください。
ハル	これください。チャージもできますか。
店員	はい、いくらぐらいチャージいたしましょうか。
ハル	2万ウォン分してください。

（単語）⋯⋯⋯⋯⋯⋯⋯⋯⋯⋯⋯⋯⋯⋯⋯⋯⋯⋯⋯⋯⋯⋯⋯⋯⋯⋯⋯⋯⋯⋯⋯

교통카드 交通カード	사다 買う	어서 오세요 いらっしゃいませ
아이돌 アイドル	티머니 교통 카드 Tマネー交通カード	
있다 ある	여기서 ここから	마음에 들다 気に入る
걸 (←거) もの	고르다 選ぶ	이거 これ
주다 くれる	충전 チャージ	되다 できる
얼마나 いくらぐらい	2[이]만 원 2万ウォン	

📍 表現

잔액이 부족합니다. 残額が不足しています。

223 지하철 타기 地下鉄の利用

아키	저기 자리가 있으니까 우리 앉자.
하루	안 돼, 저기는 노약석이야. 그냥 서서 가자.
아키	아, 그렇구나. 그럼 여기 빈 자리 앉을까?
하루	하하, 이 핑크색 좌석은 임산부를 위한 자리니까 안 돼요~.
아키	앗, 실수할 뻔 했다.

アキ	あそこに席あるから座ろう。
ハル	だめ、あそこは優先席だよ。立っていよう。
アキ	あ、そうなんだ。じゃ、こっちの空いてる席に座ろうか。
ハル	ハハ、このピンク色の座席は妊婦さんのための席だからだめですよ〜。
アキ	あっ、間違えるところだった。

(単語) ··

지하철 地下鉄	타다 乗る	저기 あそこ
자리 席	있다 ある	우리 私たち
앉다 座る	안 되다 だめだ	노약석 優先席
그냥 そのまま	서다 立つ	가다 行く
그렇구나 そうなんだ	그럼 では	여기 ここ
비다 空く	이 この	핑크색 ピンク色
좌석 座席	임산부 妊婦	실수하다 失敗する

📍 表現

자리가 다 찼다. 席がないね、満席だね。

앉아서 갈까? 座って行く？

하루	(두리번거리면서) 잠깐만, 다 온 거 같은데….
아키	구글 맵 보니까 조금만 더 가면 있겠다.
하루	아, 저기 붉은 벽돌 건물인가 봐.
아키	성수동의 랜드마크라는 데지?
하루	옛날에 창고였던 데를 카페로 만들었대.

ハル	(キョロキョロしながら) ちょっと待って、もうすぐ着きそうだけど…。
アキ	グーグルマップで見ると、もう少し行けばありそう。
ハル	あ、あそこの赤レンガの建物みたい。
アキ	聖水洞のランドマークって所だよね?
ハル	昔倉庫だった所をカフェにしたんだって。

(単語)

대림창고 大林倉庫	가다 行く	길 道
두리번거리다 キョロキョロする	잠깐만 ちょっと待って	다 全部
오다 来る	구글 맵 グーグルマップ	보다 見る
조금 少し	더 もっと	있다 ある
저기 あそこ	붉다 赤い	벽돌 レンガ
건물 建物	성수동 聖水洞	랜드마크 ランドマーク
데 所	옛날 昔	창고 倉庫
카페 カフェ	만들다 作る	

📍 表現

다 왔다.　着いた、もうすぐで着く。

아직 멀었어.　まだまだだよ。

232 대림창고 안에서 大林倉庫の中で

하루	생각보다 엄청 넓고 색다른 느낌이 난다!
아키	일단 주문부터 하자.
	근데 메뉴에 가격이 왜 '5.0, 6.0'이라고 쓰여 있지?
하루	그거 달러 표기처럼 한 거라서 '5.0'은 5천 원을 말한대.
아키	그러고 보니 5달러, 5천 원, 5백 엔 비슷하긴 하다.
하루	그치? 난 자리 잡을게. 내 거까지 시켜 줘.

ハル	思ったよりものすごく広くてユニークな感じ！
アキ	とりあえず注文しよう。でも、なんでメニューに値段が「5.0、6.0」って書いてあるんだろう。
ハル	それドル表記のように書いたもので、「5.0」は5千ウォンなんだって。
アキ	そういえば、5ドル、5千ウォン、5百円って似てるよね。
ハル	だよね。私席取っておくから。私の分も頼んでね。

(単語)

대림창고 大林倉庫	안 中	생각 思い
엄청 ものすごく	넓다 広い	색다르다 ユニークだ
느낌 感じ	나다 出る	일단 とりあえず
주문 注文	하다 する	근데 ところで
메뉴 メニュー	가격 値段	왜 なぜ
쓰이다 書かれる	그거 それ	달러 ドル
표기 表記	거 もの	5[오]천 원 5千ウォン
말하다 言う	그러고 보니 そういえば	5[오]달러 5ドル
5[오]백 엔 5百円	비슷하다 似ている	그치 だよね
난 私は	자리 席	잡다 取る
내 私の	시키다 頼む	

📍 表現

예상했던 것보다 좋은걸.　思ったよりいいね。

자리부터 잡자.　まずは席を取ろう。

233 커피 주문하기 コーヒーの注文

아키	언니, 뭐 먹을래?
하루	난 아이스 아메리카노랑 딸기 와플 부탁해.
아키	오케이. 여긴 내가 쏜다!
점원	주문 도와드릴게요.
아키	아이스 아메리카노 두 개하고 딸기 와플 하나 주세요.
점원	네, 아이스 아메리카노 사이즈는 뭘로 드릴까요?
아키	두 개 다 톨 사이즈로 주세요.

アキ	お姉ちゃん、何食べる？
ハル	私はアイスアメリカーノとイチゴワッフル。
アキ	オッケー。ここは私が奢るよ！
店員	注文なさいますか。
アキ	アイスアメリカーノ2つとイチゴワッフルを1つください。
店員	はい、アイスアメリカーノのサイズはいかがなさいますか。
アキ	二つともトールサイズでお願いします。

単語

커피 コーヒー	주문하다 注文する	언니 お姉さん
뭐 何	먹다 食べる	난 私は
아이스 아메리카노 アイスアメリカーノ	딸기 와플 イチゴワッフル	부탁하다 頼む
오케이 オッケー	여긴 ここは	내가 私が
쏘다 奢る	돕다 手伝う	두 개 2個
하나 一つ	주다 くれる	사이즈 サイズ
뭘 (←뭐) 何	드리다 差し上げる	다 全部
톨 사이즈 トールサイズ		

📍 表現

이건 내가 낼게.　これは私が払うよ。

준비되면 진동벨로 알려 드리겠습니다.　ご用意できたらベルでお知らせします。

241 잠실로 이동하기 蚕室へ移動

아키	오후엔 어디 가기로 했지?
하루	'롯데월드타워'에 가기로 했잖아.
아키	아, 그렇지! 성수역에서 다섯 번째 역이 잠실이네. 가깝다.
하루	'롯데월드'는 가 봤는데 '롯데월드타워'는 처음이라 기대된다.

アキ 午後はどこに行くことにしてたっけ？
ハル 「ロッテワールドタワー」に行くことにしたじゃない。
アキ あ、そうだった。聖水駅から5番目の駅が蚕室だね。近いね。
ハル 「ロッテワールド」は行ったことあるけど、「ロッテワールドタ
ワー」は初めてだから楽しみだよ。

単語 ....

잠실 蚕室	이동하다 移動する	오후 午後
어디 どこ	가다 行く	롯데월드타워 ロッテワールドタワー
그렇지 そうだった	성수역 聖水駅	다섯 번째 5番目
역 駅	가깝다 近い	롯데월드 ロッテワールド
처음 初めて	기대되다 楽しみだ	

....

表現

언제 간다고 했지? いつ行くって言ったっけ？
설렌다. わくわくする。
신난다. うきうきして楽しい。

하루	여기가 세계에서 제일 높은 유리 바닥 전망대래.
아키	그렇구나, 발밑이 다 보여서 좀 무섭다.
하루	나도 다리가 후들후들 떨려. 그래도 재미있다.
아키	어! 저게 어젯밤에 갔던 N서울타워지?
하루	맞네. 서울의 동서남북이 다 보이네.
아키	우리 여기서 기념사진 찍자.

ハル	ここが世界で一番高いガラス床の展望台なんだって。
アキ	そうなんだ、足元が丸見えでちょっと怖いよ。
ハル	私も脚がブルブル震えてるよ。でも楽しいな。
アキ	あ！あれが昨日の夜行ったNソウルタワーだよね？
ハル	そうだね。ソウルの東西南北が全部見えてるね。
アキ	ここで記念写真撮ろう。

【単語】 ⋯⋯⋯⋯⋯⋯⋯⋯⋯⋯⋯⋯⋯⋯⋯⋯⋯⋯⋯⋯

롯데월드타워 ロッテワールドタワー	118[백십팔]층 118階	여기 ここ
세계 世界	제일 一番	높다 高い
유리 ガラス	바닥 床	전망대 展望台
그렇구나 そうなんだ	발밑 足元	다 全部
보이다 見える	좀 ちょっと	무섭다 怖い
나 私	다리 脚	후들후들 ブルブル
떨리다 震える	그래도 それでも	재미있다 楽しい
저게 あれが	어젯밤 昨夜	가다 行く
N[엔]서울타워 Nソウルタワー	맞네 そうだね	서울 ソウル
동서남북 東西南北	우리 私たち	기념사진 記念写真
찍다 撮る		

📍 表現

다리에 힘이 빠진다.   足の力が抜ける。
한눈에 들어오네.   一目で見渡せるね。

243 사진 촬영 부탁하기 写真撮影を頼む

하루	저기요, 사진 좀 찍어 주세요.
잘생긴 오빠	네, 여기서 찍어 드려요?
아키	네. 우리 손가락 하트 하고 찍자.
잘생긴 오빠	하나 둘 셋. 찰칵!

ハル	あの、ちょっと写真を撮ってもらえませんか。
イケメン	はい、ここでお撮りしましょうか。
アキ	はい。指ハートで撮ろう。
イケメン	1、2、3。カシャ！

単語

사진 写真	촬영 撮影	부탁하다 頼む
저기요 すみません	좀 ちょっと	찍다 撮る
잘생기다 イケメンだ	오빠 お兄さん	여기 ここ
우리 私たち	손가락 하트 指ハート	하다 する
하나 一つ	둘 二つ	셋 三つ
찰칵 カシャ		

表現

모델처럼 한번 찍어볼까? モデルみたいに撮ってみようか。

인증샷 認証ショット　　　　　　인생샷 人生最高の写真

251 샤롯데씨어터
シャルロッテシアター

하루	극장이 정말 크고 멋있다!
아키	여기가 한국 최초 뮤지컬 전용 극장이야.
하루	근데 뮤지컬 두 시에 시작한다고 했지?
아키	응, 저기 카운터에 예매한 티켓 받으러 가자.

ハル	劇場が本当に大きくて素敵！
アキ	ここが韓国初のミュージカル専用劇場なんだよ。
ハル	ところでミュージカル、2時に始まるって言ってたよね。
アキ	うん、あそこのカウンターに予約したチケット受け取りに行こう。

(単語) ⋯⋯⋯⋯⋯⋯⋯⋯⋯⋯⋯⋯⋯⋯⋯⋯⋯⋯⋯⋯⋯⋯⋯⋯⋯⋯⋯⋯

샤롯데씨어터 シャルロッテシアター	극장 劇場	정말 本当に
크다 大きい	멋있다 素敵だ	여기 ここ
한국 韓国	최초 最初	뮤지컬 ミュージカル
전용 専用	근데 ところで	두 시 2時
시작하다 始まる	저기 あそこ	카운터 カウンター
예매하다 予約する	티켓 チケット	받다 受け取る
가다 行く		

📍 表現

현장 티켓팅　当日券販売
온라인 티켓팅　オンラインチケット販売

252 티켓팅 카운터에서
チケットカウンターで

직원	온라인 예매 번호 보여 주세요.
하루	네, 여기요.
직원	오늘 두 시 VIP석 두 장이네요. 여기 있습니다.
하루	감사합니다.
아키	어! 저기 아이스크림 가게 있다!
하루	우리 이따가 쉬는 시간에 사 먹자.

職員	オンライン予約番号をお見せください。
ハル	はい、どうぞ。
職員	本日の2時、VIP席2枚ですね。こちらでございます。
ハル	ありがとうございます。
アキ	あ！あそこにアイスクリーム屋さんがある！
ハル	後で休憩時間になったら買って食べよう。

単語

티켓팅 チケット販売	카운터 カウンター	온라인 オンライン
예매 予約	번호 番号	보이다 見せる
여기요 どうぞ	오늘 今日	두 시 2時
VIP[브이아이피]석 VIP席	두 장 2枚	있다 ある
저기 あそこ	아이스크림 アイスクリーム	가게 店
우리 私たち	이따가 後で	쉬다 休む
시간 時間	사다 買う	먹다 食べる

📍 表現

혹시 빈자리 있어요?　もしかして空席ありますか。

다 매진됐어요.　完売しました。

253 뮤지컬 관람 후

ミュージカルを鑑賞した後

하루	오늘 공연 어땠어?
아키	인생 최고의 공연이었어. 배우가 너무 멋있었어.
하루	나도 온몸에 소름이 돋을 정도로 좋았어.
아키	난 최애도 보고 소원 풀었다.

ハル	今日の公演どうだった？
アキ	人生最高の公演だったよ。俳優が本当にかっこよかった。
ハル	私も全身に鳥肌が立つくらい良かったよ。
アキ	私は推しにも会えて、願いが叶ったよ。

単語 ··

뮤지컬	ミュージカル	관람	観覧、鑑賞	후	後
오늘	今日	공연	公演	어땠어?	どうだった
인생	人生	최고	最高	배우	俳優
너무	とても	멋있다	かっこいい	나	私
온몸	全身	소름이 돋다	鳥肌が立つ	정도	ほど
좋다	いい	난	私は	최애	最愛、一推し
보다	会う	소원 풀다	願いを叶える		

📍 表現

감동 받았어요.　感動しました。

죽어도 여한이 없어요.　死んでも悔いはありません。

셋째 날
3日目

광화문 光化門

신촌 新村

홍대 弘大

명동 明洞

광화문 光化門

∃11 광화문 광장 光化門広場

아키	우와, 탁 트인 광장이 기분 좋다!
하루	상쾌한 날씨가 우리를 반겨 주는 거 같아.
아키	저기 세종대왕 동상까지 걸어 보자.
하루	좋아! 너, 한국에서 제일 존경받는 인물이 누군지 알아?
아키	여기서 질문한다는 건…, 세종대왕이지!
하루	맞아. 한글도 만들었고, 아, 만 원 지폐 얼굴이잖아.

アキ	わー、広々とした広場が気持ちいいね！
ハル	爽やかな天気が私たちを迎えてくれているみたいね。
アキ	あそこの世宗大王の銅像まで歩いてみよう。
ハル	いいよ！アキ、韓国で最も尊敬されている人が誰か知ってる？
アキ	ここで質問するということは…世宗大王でしょ！
ハル	その通り。ハングルも創ったし、あ、１万ウォン札の顔じゃない。

単語

광화문 광장 光化門広場	탁 트이다 広々と開けている	기분 気持ち
좋다 いい	상쾌하다 爽やかだ	날씨 天気
우리 私たち	반기다 迎える	저기 あそこ
세종대왕 世宗大王	동상 銅像	걷다 歩く
너 君、あなた	한국 韓国	제일 最も
존경받다 尊敬される	인물 人物	누구 誰
알다 知る	여기서 ここで	질문하다 質問する
맞아 その通り	한글 ハングル	만들다 創る
만 원 1万ウォン	지폐 札	얼굴 顔

📍 **表現**

물길따라 걷기 좋은 청계천이에요.　水路に沿って歩くのにいい清渓川です。

촛불 집회　キャンドル集会

312 서점에서 書店で

아키 　여기가 그 교보문고야?

하루 　서울에서 제일 유명한 서점이래.

아키 　한 층에 모든 코너가 다 있구나.

하루 　듣던 대로 굉장히 넓은데!

아키 　베스트셀러, 스테디셀러, 신간 …

하루 　요즘 한국에서 많이 읽히는 책들인가 봐.

アキ 　ここがあの教保文庫なの？

ハル 　ソウルで一番有名な書店なんだって。

アキ 　一つのフロアにすべてのコーナーが集まってるんだね。

ハル 　聞いてた通り、とても広いね！

アキ 　ベストセラー、ロングセラー、新刊…。

ハル 　最近韓国でよく読まれている本なんだろうね。

（単語）..✈

서점 書店	여기 ここ	그 あの
교보문고 教保文庫	서울 ソウル	제일 一番
유명하다 有名だ	한 층 1フロア	모든 すべての
코너 コーナー	다 全部	있다 ある
듣다 聞く	대로 通り	굉장히 すごく
넓다 広い	베스트셀러 ベストセラー	스테디셀러 ロングセラー
신간 新刊	요즘 最近	한국 韓国
많이 たくさん	읽히다 読まれる	책 本

📍 表現

소문대로 엄청나게 크다.　噂どおりもの凄く大きい。

없는 게 없네.　なんでも揃っているね。

313 도서 검색하기 本の検索

아키	이것 봐! 검색하는 데가 곳곳에 있네.
	우리도 한번 해 볼까?
하루	그러자. 나 사고 싶은 소설책이 있거든.
아키	여기 한글로 책 제목 입력하면… [J]코너에 있대.
하루	[J]코너는 저기다. 어? 여기 독서 라운지도 있네!
아키	여기서 책 읽으면서 쉬어도 되겠다.

アキ	これ見て！検索コーナーがあちこちにあるね。
	私たちもやってみようか？
ハル	そうしよう。私、買いたい小説があるの。
アキ	ここにハングルで本のタイトルを入力すると…[J]コーナーにあるって。
ハル	[J]コーナーはあそこだ。あれ？ここに読書ラウンジもある！
アキ	ここで本を読みながら休むのもよさそうだね。

〔単語〕 ···

도서 図書、本	검색하다 検索する	이것 これ
보다 見る	데 所	곳곳 所々
있다 ある	우리 私たち	한번 一度
하다 する	그러자 そうしよう	나 私
사다 買う	소설책 小説本	여기 ここ
한글 ハングル	책 本	제목 題目、タイトル
입력하다 入力する	J[제이]코너 Jコーナ	저기 あそこ
독서 読書	라운지 ラウンジ	읽다 読む
쉬다 休む		

📍表現

여기저기 다 있다. あっちこっち、どこにでもあるね。

∃14 도서 구매하기 本の購入

점원	결제 도와 드릴까요?
하루	이 책 시리즈 열 권이요. 카드로 할게요.
	근데 이거 배송도 되나요?
점원	네, 저쪽 우편 발송 카운터에서 하시면 됩니다.
	호텔 배송, 해외 배송도 가능하니까 확인해 보세요.
하루	감사합니다.

店員	お会計なさいますか。
ハル	この本のシリーズ、10冊です。カードでお願いします。
	ところで、これ配送もできますか。
店員	はい、あちらの郵送カウンターをご利用ください。
	ホテル配送や海外配送も可能ですのでご確認ください。
ハル	ありがとうございます。

単語 ·· ✈

도서 図書、本	구매하다 購入する	결제 決済
돕다 手伝う	이 この	책 本
시리즈 シリーズ	열 권 10冊	카드 クレジットカード
하다 する	근데 ところで	이거 これ
배송 配送	되다 できる	저쪽 あちら
우편 郵便	발송 発送	카운터 カウンター
호텔 ホテル	해외 海外	가능하다 可能だ
확인하다 確認する		

📍 表現

무료 배송 돼요?　送料込みですか。

EMS로 부치고 싶은데요.　EMSで送りたいんですが。

プラス単語

位置表現

동쪽 東側	서쪽 西側	남쪽 南側	북쪽 北側
이쪽 こちら	그쪽 そちら	저쪽 あちら	어느 쪽 どちら
위 上	아래 下、下方	밑 下、真下	옆 横、隣
왼쪽 左、左側	오른쪽 右、右側	앞 前	뒤 後
사이 間	안 中、内側	속 中、内部	밖 外

乗り物

고속철도 KTX/高速鉄道	모노레일 モノレール	배 船
버스 バス	비행기 飛行機	오토바이 オートバイ
우주선 宇宙船	유람선 遊覧船	자동차 自動車
자전거 自転車	전철 電車	지하철 地下鉄
케이블카 ケーブルカー・ロープウェ		택시 タクシー

施設やお店

역 駅	정류장 停留所	화장실 トイレ
호텔 ホテル	영화관 映画館	공항 空港
약국 薬局	한의원 韓方(漢方)医院	병원 病院
은행 銀行	우체국 郵便局	미용실 美容室
면세점 免税店	백화점 デパート	편의점 コンビニ
시장 市場	마트 スーパー	노래방 カラオケ
꽃집 花屋	세탁소 クリーニング店	서점/책방 書店
선물 가게 お土産店	화장품 가게 化粧品店	옷 가게 洋服屋

321 대학교 구경하기 大学見物

하루	저기 보이는 데가 대학교인가 봐.
아키	우와, 굉장히 넓어 보인다. 우리도 한번 들어 가 보자.
하루	일본 대학교랑 다르게 현수막이 참 많다.
아키	가도 가도 끝이 없네. 진짜 넓다.
하루	어머, 너무 멋진 건물이다.
	다른 건 현대식 건물인데 이 석조 건물은 특이하네!

ハル	あそこに見えるのが大学みたいだね。
アキ	うわ、すごく広そう。私たちもちょっと入ってみようよ。
ハル	日本の大学と違って横断幕が本当に多いな。
アキ	どんなに歩いても終わらないね。本当に広い。
ハル	あら、とても素敵な建物。
	他のものは現代風の建物なのに、この石造りの建物は珍しいね！

単語

대학교 大学	구경하다 見物する	저기 あそこ
보이다 見える	데 所	굉장히 すごく
넓다 広い	우리 私たち	한번 一度
들어가다 入る	일본 日本	다르다 違う
현수막 横断幕	참 本当に	많다 多い
가다 行く	끝 終わり	없다 ない
진짜 本当に	너무 とても	멋지다 素敵だ
건물 建物	건 ものは	현대식 現代式
이 この	석조 石造	특이하다 珍しい

📍 表現

아무리 가도/먹어도/자도… 　どんなに行っても/食べても/寝ても…

하루	여기 있는 게 다 메뉴인가 봐.
아키	한식, 양식, 중식, 분식까지 다양하다.
하루	가격도 저렴하고, 근데 뭐 먹을까?
아키	난 치즈 김치볶음밥. 저기 식권 판매기에서 사나 봐.
하루	어? 나 5만 원짜리밖에 없어, 어떡하지?
아키	내가 사 줄게.

ハル	ここにあるのが全部メニューみたい。
アキ	韓国料理、洋食、中華、軽食までいろいろある。
ハル	値段も安いし、ところで何にする?
アキ	私はチーズキムチチャーハン。あそこの食券販売機で買うみたい。
ハル	あれ?私5万ウォン札しかない、どうしよう。
アキ	私が買ってあげるね。

単語 ···

학생 学生	식당 食堂	여기 ここ
있다 ある	게 ものが	다 全部
메뉴 メニュー	한식 韓国料理	양식 洋食
중식 中華	분식 粉食、軽食	다양하다 多様だ
가격 価格	저렴하다 安い	근데 ところで
뭐 何	먹다 食べる	난 私は
치즈 김치볶음밥 チーズキムチチャーハン		저기 あそこ
식권 食券	판매기 販売機	사다 買う
5[오]만 원짜리 5万ウォン札	없다 ない	어떡하지? どうしよう
내가 私が		

📍 表現

값이 싸요. 値段が安いです。

323 약국에서 薬局で

아키	속이 좀 안 좋아요.
	점심 먹은 게 체했나 봐요.
약사	소화제 드릴까요?
아키	네, 어떤 게 있어요?
약사	알약도 있고 가루약도 있고 드링크제도 있어요.
아키	그럼 드링크제로 주세요.

アキ	ちょっと気分が悪いです。
	昼ごはんで胃がもたれてしまったようです。
薬剤師	消化剤を差し上げましょうか。
アキ	はい、どんなものがありますか。
薬剤師	錠剤、粉薬、ドリンク剤もありますよ。
アキ	じゃ、ドリンク剤でお願いします。

(単語) ·· ✈

약국 薬局	속 お腹	좀 ちょっと
안 〜ない	좋다 いい	점심 昼食
먹다 食べる	게 ものが	체하다 胃もたれする
소화제 消化剤	드리다 差し上げる	어떤 どんな
있다 ある	알약 錠剤	가루약 粉薬
드링크제 ドリンク剤	그럼 では	주다 くれる

📍 表現

급하게 먹다. 急いで食べる。

속이 메스껍다. 吐き気がする。   　더부룩하다 胃もたれする。

식은땀이 나다. 冷や汗が出る。

324 홍대 걷고 싶은 거리
弘大歩きたい通り

아키	와~, 여기가 말로만 듣던 그 홍대야?
하루	예쁜 카페도 많고 식당도 많고 사람들도 진짜 많다.
아키	이 '걷고 싶은 거리'가 홍대 앞을 대표하는 거리래.
하루	저기 버스킹 하나 봐.
아키	한번 구경해 보자.

アキ　わー、ここがあの噂の弘大なの？
ハル　かわいいカフェも多いし、レストランも多いし、人も本当に多いね。
アキ　この「コッコシプンゴリ」が弘大前を代表する通りなんだって。
ハニ　あそこで路上ライブやっているみたいだよ。
アキ　ちょっと見てみよう。

(単語)··· ✈

홍대 걷고 싶은 거리 弘大歩きたい通り		여기 ここ
말 言葉	듣다 聞く	그 あの
예쁘다 かわいい	카페 カフェ	많다 多い
식당 食堂	사람들 人たち	진짜 本当に
이 この	앞 前	대표하다 代表する
거리 通り、街	저기 あそこ	버스킹 路上ライブ
하다 する	한번 一度	구경하다 見物する

📍 表現

젊은이의 거리　若者の街
버스커가 공연하다.　バスカーが路上ライブをする。

325 피카소거리 ピカソ通り

하루	벽화들이 다 독특하고 개성 있다. 자유로움이 느껴져.
아키	그치? 저 낙서도 예술 작품 같은데.
하루	그림 색깔들이 되게 강렬하고 화사하다.
아키	홍대를 왜 예술의 거리라 하는지 알 거 같아.
아키	토요일에는 '예술시장 프리마켓'도 열린다는데, 어디지?

ハル	壁画が全部独特で個性的だね。自由な感じがする。
アキ	だよね。あの落書きも芸術作品みたい。
ハニ	絵の色がすごく強烈で華やかだね。
アキ	なぜ弘大を芸術の街と言うのか分かる気がするね。
アキ	土曜日には「芸術市場フリーマーケット」も開かれるそうだけど、どこなんだろう？

単語 ....

피카소거리 ピカソ通り	벽화 壁画	다 全部
독특하다 独特だ	개성 個性	있다 ある
자유로움 自由さ	느껴지다 感じられる	그치 だよね
저 あの	낙서 落書き	예술 芸術
작품 作品	그림 絵	색깔 色
되게 とても	강렬하다 強烈だ	화사하다 華やかだ
홍대 弘大	왜 なぜ	거리 通り、街
하다 言う	알다 分かる	토요일 土曜日
예술시장 프리마켓 芸術市場フリーマーケット		열리다 開かれる
어디 どこ		

 表現

납득이 간다. 納得がいく、納得できる。
벼룩시장 のみの市、フリーマーケット

점원	어서 오세요. 뭘 찾으세요?
하루	티셔츠를 찾고 있어요.
점원	이건 어떠세요? 요즘 유행하는 거예요.
하루	그거 말고 다른 색깔은 없어요?
점원	파란색이랑 하얀색도 있어요.
하루	파란색이 예쁘기는 한데 색이 좀 진하네요.
점원	여기 연한 색도 있으니까 한번 입어 보세요.

店員	いらっしゃいませ。何をお探しですか？
ハル	Tシャツを探しています。
店員	こちらはいかがですか。最近流行ってるものです。
ハル	それじゃなく、他の色はありませんか。
店員	青と白もあります。
ハニ	青いのがかわいいけど、色がちょっと濃いですね。
店員	こちらに薄い色もありますので、試着してみてください。

単語

옷 服	가게 店	어서 오세요 いらっしゃいませ
뭘 何を	찾다 探す	티셔츠 Tシャツ
이건 これは	어떠세요? いかがですか	요즘 最近
유행하다 流行る	거 もの	그거 それ
말고 〜ではなく	다르다 違う	색깔 色
없다 ない	파란색 青	하얀색 白
있다 ある	예쁘다 かわいい	색 色
좀 ちょっと	진하다 濃い	여기 ここ
연하다 薄い	한번 一度	입다 着る

📍 表現

한번 둘러 볼게요.　ちょっと見てみますね。
잘 나가요.　よく売れています。
색깔별로 다 있어요.　いろんな色があります。

332 구두 가게에서 靴屋で

하루	이거 좀 보여 주세요.
점원	발 사이즈가 어떻게 되세요?
하루	235예요.
점원	사이즈는 잘 맞으세요?
하루	예쁘지만 좀 작아요.
점원	그럼, 한 사이즈 큰 걸로 드려 볼까요?
하루	네, 이게 딱 맞네요.

ハル	これちょっと見せてください。
店員	足のサイズはおいくつですか。
ハル	23.5です。
店員	サイズはよろしいでしょうか。
ハル	かわいいけど、ちょっと小さいです。
店員	では、ワンサイズ大きいものを履いてみられますか。
ハル	はい、これがぴったりですね。

単語

구두 靴	가게 店	이거 これ
좀 ちょっと	보이다 見せる	발 足
사이즈 サイズ	어떻게 どのように	되다 なる
235[이백삼십오] 23.5cm	잘 よく	맞다 合う
예쁘다 かわいい	작다 小さい	그럼 では
한 사이즈 ワンサイズ	크다 大きい	걸 (←거) もの
드리다 差し上げる	이게 これが	딱 ぴったり

📍 表現

불편해요./편해요.　不便です。/楽です。
헐렁해요./꽉 껴요.　ゆるいです。/きついです。
다른 치수도 있어요?　他のサイズもありますか。

ᗱᗱᗱ 교환하기 交換する

점원	어떻게 오셨어요?
하루	어제 여기에서 바지를 샀는데요. 교환하러 왔어요.
점원	왜요? 디자인이 마음에 안 드세요?
하루	아니요. 사이즈가 안 맞아서요.
점원	영수증 보여 주시면 다른 것으로 교환해 드리겠습니다.

店員	何かご用でしょうか。
ハル	昨日ここでズボンを買ったんですが。交換しに来ました。
店員	どうかなさいましたか。デザインがお気に召さなかったんでしょうか？
ハル	いいえ。サイズが合わなくて。
店員	レシートをご提示していただければ、他のものと交換いたします。

単語

교환하다 交換する	어떻게 どのように	오다 来る
어제 昨日	여기 ここ	바지 ズボン
사다 買う	왜 なぜ	디자인 デザイン
마음에 들다 気に入る	안 ～ない	사이즈 サイズ
맞다 合う	영수증 領収書、レシート	보이다 見せる
다르다 違う	것 もの	

📍 表現

이걸로 바꾸고 싶은데요. これに変えたいんですが。

환불 가능해요? 払い戻しできますか。

341 찜질방에서 チムジルバンで

직원	여기 수건하고 실내복입니다. 그리고 이 키로 신발장 이랑 라커 같이 사용하시면 됩니다.
하루	네, 근데 마사지 한 명하고 때밀이 한 명 예약하고 싶은데요.
직원	한 시간 뒤에 가능한데 괜찮으세요?
하루	네, 괜찮아요.
직원	그럼 나중에 번호 부르면 오세요.
職員	こちら、タオルと室内着です。 そしてこちらの鍵で、下駄箱とロッカー両方、お使いください。
ハル	はい、ところでマッサージを1人と垢すりを1人、予約したいんですが。
職員	1時間後になりますが、よろしいでしょうか。
ハル	はい、大丈夫です。
職員	それでは、後ほど番号でお呼びします。

単語

찜질방 チムジルバン	여기 ここ	수건 タオル
실내복 室内着	그리고 そして	이 この
키 キー、鍵	신발장 下駄箱	라커 ロッカー
같이 一緒に	사용하다 使用する	근데 ところで
마사지 マッサージ	한 명 1名	때밀이 垢すり
예약하다 予約する	한 시간 1時間	뒤 後
가능하다 可能だ	괜찮다 大丈夫だ	그럼 では
나중에 後で	번호 番号	부르다 呼ぶ
오다 来る		

📍 表現

몇 분이세요? 何名様ですか。

계산은 나중에 키로 하시면 돼요. お会計は後で鍵でお願いします。

ㅋㅂㄹ 342 한증막에서 蒸し風呂で

아키	이 실내복 디자인도 예쁘고 되게 편하다.
하루	그러네. 일단 한증막부터 들어가자.
아키	잠깐만, 저기 PC방도 있고 수면실도 있네! 나중에 가 보자.
하루	어, 저 사람들 양머리가 너무 귀엽다. 우리도 해 보자.

アキ	この室内着、デザインもかわいいし、すごく楽だね。
ハル	そうだね。じゃあ、蒸し風呂から入ろう。
アキ	ちょっと待って、あそこにネットカフェもあるし、睡眠室もある！ 後で行ってみよう。
ハル	あ、あの人たちのタオルの羊巻き、めっちゃかわいい。私たちも やってみようよ。

(単語) ･･

한증막 蒸し風呂	이 この	실내복 室内着
디자인 デザイン	예쁘다 かわいい	되게 とても
편하다 楽だ	그러네 そうだね	일단 まず
들어가다 入る	잠깐만 ちょっと待って	저기 あそこ
PC[피시]방 ネットカフェ	있다 ある	수면실 睡眠室
나중에 後で	가다 行く	저 あの
사람들 人たち	양머리 タオルの羊巻き	너무 とても
귀엽다 かわいい	우리 私たち	하다 する

･･

📍 表現

따라해 보자.　真似してみよう。

343 간식 사 먹기 おやつを買って食べる

아키　와, 뜨겁다. 이 땀 좀 봐. 나가자.

하루　목마르지? 한국 사람들은 찜질방에 오면 식혜랑 계란을 꼭 먹는대.

아키　그럼 우리도 먹어 보자. 계란이 진짜 독특한 맛이네. 식혜랑 먹으니까 더 맛있다.

하루　아, 시원하다~. 피로도 풀리고 이게 바로 한국식 힐링이야!

アキ　わー、熱い。この汗を見て。出よう。

ハル　喉渇いたよね？韓国人はチムジルバンに来たら、シッケと卵を必ず食べるんだって。

アキ　じゃ、食べてみようよ。卵が本当に独特な味するね。
シッケと食べるともっとおいしい。

ハル　あー、気持ちいい～。疲れもとれてこれがまさに韓国式癒しだよ！

（単語）

간식 おやつ	사다 買う	먹다 食べる
뜨겁다 熱い	이 この	땀 汗
좀 ちょっと	보다 見る	나가다 出る
목마르다 喉か渇く	한국 사람 韓国人	찜질방 チムジルバン
오다 来る	식혜 シッケ	계란 卵
꼭 必ず	그럼 では	우리 私たち
진짜 本当に	독특하다 独特だ	맛 味
더 もっと	맛있다 美味しい	시원하다 気持ちいい、すっきりする
피로 疲れ	풀리다 とれる	이게 これが
바로 まさに	한국식 韓国式	힐링 癒し、ヒーリング(Healing)

📍 表現

땀을 쫙 빼고 나니까 개운하다! 思いっ切り汗をかいたらすっきりした！

넷째 날
4日目

한강공원 漢江公園

용산 龍山

강남 江南

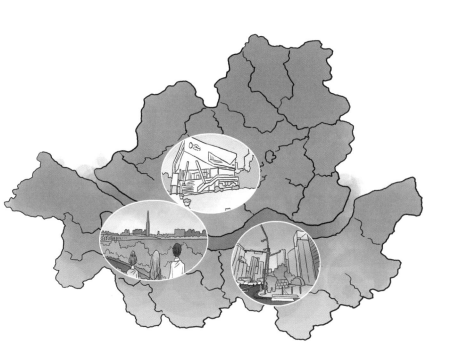

411 길 찾기 道探し

하루	가만있어 봐. 이쪽이 맞는데?? 길이 안 보이네.
아키	어디 좀 보여 줘. 에이, 오른쪽이 아니라 왼쪽으로 가야 하잖아.
하루	그래? 왼쪽으로? 그럼 서쪽 방향인 거지?
아키	응, 맞아. 다시 돌아가서 반대편으로 가자.

ハル	待てよ。こっちで合ってると思うけど。道が見当たらないね。
アキ	ちょっと見せて。なんだ、右じゃなくて左へ進まないと。
ハル	そう？左へ？じゃ、西方向なんだね？
アキ	うん、そうだよ。戻って反対へ行こう。

単語

길 道	찾다 探す	가만있다 じっとする
이쪽 こちら	맞다 合う、合っている	안 ~ない
보이다 見える、見せる	어디 どれ	좀 ちょっと
에이 なんだ	오른쪽 右	왼쪽 左
가다 行く	그래? そう	그럼 では
서쪽 西	방향 方向	맞아 その通り
다시 また	돌아가다 戻る	반대편 反対側

表現

동서남북　東西南北
맞은편　向かい側、대각선 방향　斜め方向

412 자전거 빌리기 自転車レンタル

아키	자전거 빌리고 싶은데요.
점원	한 시간에 1인용은 3천 원이고, 2인용은 6천 원이에요.
	자세한 건 안내문 확인하시길 바랍니다.
아키	1인용 한 대하고 2인용 한 대, 한 시간씩 빌릴게요.
점원	9천 원입니다. 핸드폰 번호 알려 주세요.
민수	제 번호로 할게요.

アキ	自転車を借りたいんですが。
店員	1時間で、1人乗りは3千ウォン、2人乗りは6千ウォンです。
	詳しいことは案内文をご確認ください。
アキ	1人乗り1台と2人乗り1台を、1時間ずつ借ります。
店員	9千ウォンです。携帯番号を教えてください。
ミンス	私の番号にしますね。

(単語)

자전거 自転車	빌리다 借りる	한 시간 1時間
1[일]인용 1人用	3[삼]천 원 3千ウォン	2[이]인용 2人用
6[육]천 원 6千ウォン	자세하다 詳しい	건 ことは
안내문 案内文	확인하다 確認する	바라다 願う
한 대 1台	9[구]천 원 9千ウォン	핸드폰 携帯電話
번호 番号	알리다 知らせる	제 私の
하다 する		

📍 表現

연락처 알려 주시겠어요?　ご連絡先を教えていただけますか。

413 자전거 반납하기 自転車の返却

하루	이제 슬슬 자전거 반납해야겠다.
아키	벌써 한 시간 지났어?
하루	응, 열심히 달렸더니 배가 출출하다.
민수	그쵸? 자전거 돌려주고 저기 편의점에서 라면 먹을까요?
아키	좋아요. 난 삼각김밥도 먹을래요.
민수	다음에는 저녁에 와서 치맥 해요.
하루	아~, 나 치맥 정말 좋아하는데 먹고 싶다.

ハル	もうそろそろ自転車返さないと。
アキ	もう1時間経ったの？
ハル	うん、一生懸命走ったらお腹すいたよ。
ミンス	ですよね？自転車返して、あそこのコンビニでラーメン食べましょうか。
アキ	いいですね。私はおにぎりも食べたいです。
ミンス	今度は夕方に来てチキンにビールを飲みましょう。
ハル	あー、私、チキンとビール大好きなんだけど、食べたい。

〔 単語 〕- ✈

자전거 自転車	반납하다 返却する	이제 もう
슬슬 そろそろ	벌써 もう	한 시간 1時間
지나다 経つ	열심히 一生懸命	달리다 走る
배 お腹	출출하다 空腹だ	그쵸? ですよね
돌려주다 返す	저기 あそこ	편의점 コンビニ
라면 ラーメン	먹다 食べる	좋다 いい
난 私は	삼각김밥 三角おにぎり	다음 今度
저녁 夕方	오다 来る	치맥 (치킨+맥주) チキンとビール
하다 する	정말 本当に	좋아하다 好きだ

📍 表現

배고파. お腹空いた. 배불러. お腹いっぱい.
세모/네모/마름모/동그라미 三角/四角/菱形/丸
삼각형/사각형/원형/마름모꼴/사다리꼴 三角形/四角形/円形/菱形/台形

민수	저기 큰 건물이 국립중앙박물관이에요.
하루	아, 그래요? 어! 연못이 있네.
민수	건물이 거울처럼 연못에 보여서 '거울못'이라고 한대요.
아키	입장료가 공짜니까 괜히 더 신난다.
민수	건물 안이 넓어서 다 보기는 힘들 거 같아요.
	우리 골라서 구경해요.
하루	그럼 '조각/공예관'에 가 볼까요?
아키	좋아.

ミンス	あそこの大きな建物が国立中央博物館です。
ハル	あ、そうですか？あ！池がある。
ミンス	建物が鏡のように池に映るので「鏡池」と言うそうです。
アキ	入場料無料だからさらに楽しい。
ミンス	建物の中が広くて全部見るのは難しそうです。選んで見物しましょう。
ハル	じゃ「彫刻/工芸館」に行ってみましょうか。
アキ	いいよ。

単語 -- ✈

국립중앙박물관 国立中央博物館	저기 あそこ	크다 大きい
건물 建物	그래요? そうですか	연못 池
있다 ある	거울 鏡	보이다 見える
거울못 鏡池	입장료 入場料	공짜 ただ
괜히 やたらに	더 もっと	신나다 うきうきする
안 中	넓다 広い	다 全部
보다 見る	힘들다 大変だ	우리 私たち
고르다 選ぶ	구경하다 見物する	그럼 では
조각/공예관 彫刻/工芸館	가다 行く	좋다 いい

📍 表現

다는 못 볼 거 같아요. 全部は見られそうにないです。

422 한글박물관 ハングル博物館

하루	한글박물관답게 건물이 독특하다.
민수	한글 모음자 모양에 한옥의 멋을 현대적으로 구성한 거래요.
하루	듣고 보니 더 멋있네요.
아키	주변의 자연과도 잘 어울려요.
민수	예전에는 옆의 용산공원이랑 다 미군 기지였어요.
하루	그렇구나. 아키야, 안에 들어가서 한글에 대해 공부해 보자.

ハル	ハングル博物館らしく、建物が独特だね。
ミンス	ハングルの母音字の形で韓屋の趣きを現代的に構成しているんですって。
ハル	話を聞いて見るとさらに素敵ですね。
アキ	周りの自然ともよく調和されていますね。
ミンス	以前は隣の龍山公園まで、全部米軍基地でした。
ハル	そうなんだ。アキ、中に入ってハングルについて勉強してみよう。

単語

한글박물관 ハングル博物館	건물 建物	독특하다 独特だ
한글 ハングル	모음자 母音字	모양 形、模様
한옥 韓屋	멋 趣	현대적 現代的
구성하다 構成する	듣다 聞く	보다 見る
더 もっと	멋있다 素敵だ	주변 周辺
자연 自然	잘 よく	어울리다 調和する
예전 以前	옆 隣	용산공원 龍山公園
다 全部	미군 米軍	기지 基地
그렇구나 そうなんだ	안 中	들어가다 入る
대해 ついて	공부하다 勉強する	

📍 表現

고풍스럽다　古風だ
자음 글자/모음 글자/받침　子音字/母音字/パッチム

아키 여기서 음성 안내기 빌릴 수 있나요?

직원 네, 한국어 영어 일본어 중국어가 준비되어 있습니다.

아키 일본어 두 개, 한국어 하나 주세요.

직원 여기 있습니다.

그리고 모바일 앱으로 다운로드도 받을 수 있습니다.

アキ ここで音声ガイドを借りられますか。

職員 はい、韓国語、英語、日本語、中国語をご用意しております。

アキ 日本語を二つと、韓国語を一つください。

職員 こちらでございます。

それから、モバイルアプリでダウンロードもできますよ。

単語 ···

해설 解説	기기 機器	빌리다 借りる
여기 ここ	음성 音声	안내기 案内機
한국어 韓国語	영어 英語	일본어 日本語
중국어 中国語	준비되다 用意される	두 개 2個
하나 一つ	주다 くれる	있다 ある
그리고 それから	모바일 モバイル	앱 アプリ
다운로드 ダウンロード	받다 受け取る	

📍 表現

음성 안내기 빌리는 데가 어디예요?　音声案内機はどこで借りられますか。

안내 책자　案内パンフレット

애플리케이션　アプリケーション　　　　　　앱/어플　アプリ

424 용산공원 龍山公園

하루	서울 한복판에 이런 자연의 숲이 있다니!
민수	그래서 주말에는 가족끼리 피크닉을 많이 온대요.
하루	잔디랑 숲이랑 연못이랑 다 파릇파릇하다!
민수	산책만 해도 힐링될 거 같죠?
아키	네, 정말요. 근데 저 나무 이름 한국어로 뭐라고 해요?
민수	'능수버들'이라고 해요.

ハル	ソウルのど真ん中にこんな自然の森があるなんて！
ミンス	それで週末には家族でピクニックにたくさん来るそうです。
ハル	芝生も森も池も、全部青々としてる！
ミンス	散歩するだけでも癒されそうでしょう？
アキ	はい、本当ですね。ところであの木の名前は韓国語で何と言いますか。
ミンス	「ヌンスボドゥル」と言います。

単語 ....✈

용산공원 龍山公園	서울 ソウル	한복판 真ん中
이런 このような	자연 自然	숲 森
있다 ある	그래서 それで	주말 週末
가족 家族	피크닉 ピクニック	많이 たくさん
오다 来る	잔디 芝生	연못 池
다 全部	파릇파릇하다 青々としている	산책 散歩
하다 する	힐링되다 癒される	정말 本当
근데 ところで	저 あの	나무 木
이름 名前	한국어 韓国語	뭐 何
능수버들 コウライシダレヤナギ		

📍 表現

푸르름이 가득하다. 緑がいっぱいだ。
소풍을 가다. 遠足に行く。
－를/을 줄여서 뭐라고 해요? ～を略して何と言いますか。

プラス単語

身体名詞

얼굴 顔	눈 目	코 鼻	입 口
귀 耳	이마 額	눈썹 眉毛	속눈썹 まつげ
볼 頬	입술 唇	턱 あご	머리 頭
목 首	어깨 肩	가슴 胸	배 お腹
허리 腰	팔 腕	손 手	손가락 指
무릎 膝	다리 脚	발 足	몸 体

病気と症状に関する表現

아프다 体調が悪い	상처가 나다 傷ができる
다치다 怪我する	열이 나다 熱が出る
약을 먹다 薬を飲む	배탈이 나다 お腹を壊す
주사를 맞다 注射を打ってもらう	코피가 나다 鼻血が出る
감기에 걸리다 風邪をひく	여드름이 나다 ニキビができる

431 화장품 쇼핑몰에서
化粧品のショッピングモールで

아키	대박! 매장도 크고 브랜드도 엄청 많다.
하루	화장품도 종류별, 브랜드별 코너가 있어 정말 편리하네.
아키	와~, 마스크팩이 '1 + 1' 이네! 진짜 싸다.
하루	저기 메이크업 박스도 있고 3층에 남성 코너도 있다.
아키	이제 남성 뷰티도 점점 대세잖아.

アキ	すごい！売り場も広くてブランドもすごくたくさんある。
ハル	化粧品も種類別、ブランド別コーナーがあって本当に便利だね。
アキ	わ、シートマスクが「1+1」だね！本当に安い。
ハル	あそこにメイクボックスもあるし、3階には男性コーナーもあるよ。
アキ	最近は男性ビューティーも流行ってるもんね。

(単語)

화장품 化粧品	쇼핑몰 ショッピングモール	대박 すごい
매장 売り場	크다 大きい	브랜드 ブランド
엄청 ものすごく	많다 多い	종류별 種類別
코너 コーナー	있다 ある	정말 本当に
편리하다 便利だ	1+1[원 플러스 원] 一つ買うと一つ無料	
마스크팩 シートマスク	진짜 本当に	싸다 安い
저기 あそこ	메이크업 박스 メイクボックス	
3[삼]층 3階	남성 男性	제품 製品
이제 もう	뷰티 ビューティー	점점 だんだん
대세 主流、流行り		

📍 表現

기초화장품/색조 화장품　スキンケア化粧品/メイクアップ化粧品
스킨로션/밀크로션/크림/에센스　化粧水/乳液/クリーム/エッセンス

432 화장품 구매하기 化粧品の購入

하루	수분크림 중에 요즘 인기 있는 게 뭐예요?
점원	이건 어떠세요? 진짜 촉촉해요.
하루	한번 발라 봐도 돼요?
점원	네, 물론이죠. 어떠세요?
하루	좋은 것 같아요. 이거 주세요.
점원	감사합니다. 다른 거 더 필요하신 거 없으세요?
하루	괜찮아요.

ハル	保湿クリームの中で最近人気があるのは何ですか。
店員	こちらはいかがでしょうか。とてもしっとりしていますよ。
ハル	一度塗ってみてもいいですか。
店員	はい、もちろんです。いかがでしょうか。
ハル	いいと思います。これをお願いします。
店員	ありがとうございます。他に何か必要なものはございませんか。
ハル	大丈夫です。

単語

화장품 化粧品	구매하다 購入する	수분크림 保湿クリーム
중 中	요즘 最近	인기 人気
있다 ある	게 ものが	뭐 何
이건 これは	어떠세요? いかがですか	진짜 本当に
촉촉하다 しっとりしている	바르다 塗る	물론이다 もちろんだ
좋다 いい	이거 これ	주다 くれる
다르다 違う、異なる	거 もの	더 もっと
필요하다 必要だ	없다 ない	괜찮다 大丈夫だ

📍 表現

건성/중성/지성/복합성 피부　乾燥肌/普通肌/脂性肌/混合肌
저한테 어떤 색이 맞을까요?　私に合う色はどれでしょうか。

아키	캐릭터들이 벽면에 가득하다!
하루	매장이 다 포토존이네!
	아기자기한 아이템들이 진짜 귀엽다.
아키	방탄하고 콜라보한 BT21 캐릭터 제품들도 많네.
하루	아~, 다 사고 싶다!
아키	사진 찍어서 SNS에 올려야겠다!

アキ	壁いっぱいにキャラクター！
ハル	売場全体がフォトゾーンだね！
	小さくて可愛らしいアイテムが本当に可愛い。
アキ	BTSとコラボしたBT21キャラクターグッズも多いね。
ハル	あ〜、全部買いたい！
アキ	写真を撮ってSNSにアップしよう！

単語

라인프렌즈 LINE FRIENDS	캐릭터 キャラクター	벽면 壁面
가득하다 いっぱいだ	매장 売り場	다 全部
포토존 フォトゾーン	아기자기하다 可愛らしい	아이템 アイテム
진짜 本当に	귀엽다 かわいい	콜라보하다 コラボする
방탄 (←방탄소년단) 防弾少年団、BTS		제품 製品
많다 多い	사다 買う	사진 写真
찍다 撮る	올리다 載せる	

表現

보라해 ポラへ（愛してる）♥ （BTSのファンの間で使う表現）

깜찍한 인형/이모티콘 かわいい人形/絵文字

Haru 하루 @borahae613　　　　　　　　　○月○日

여러분~ 나 지금 한국^^
강남 라인프렌즈에서 브라운과 한 컷!

오, 한국이에요?
한국에 오신 것을 환영합니다.
한국 여행 즐거우세요?

엄청 재미있어요~^^

내일은 어디 갈 거예요?

롯데마트 가서 쇼핑하고 일본으로 돌아가요.

즐거운 여행 되세요.
사진 많이 올려 주세요.

감사합니다.

皆さん〜、私、今韓国^^
江南のLINE FRIENDSでブラウンと1枚!
　　お、韓国ですか。
　　韓国へようこそ。
　　韓国旅行は楽しいですか?
すごく楽しいです〜^^
　　明日はどこに行きますか。
ロッテマートで買い物して日本に帰ります。
　　旅行、楽しんでください。
　　写真たくさん載せてください。
ありがとうございます。

単語

SNS[에스엔에스] SNS	하다 する	여러분 皆さん
나 私	지금 今	한국 韓国
강남 江南	라인프렌즈 LINE FRIENDS	브라운 ブラウン
한 컷 1カット、1枚	오다 来る	것 こと、の
환영하다 歓迎する	여행 旅行	즐겁다 楽しい
엄청 ものすごく	재미있다 楽しい	내일 明日
어디 どこ	가다 行く	롯데마트 ロッテマート
쇼핑하다 ショッピングする	일본 日本	돌아가다 帰る
되다 なる	사진 写真	많이 たくさん
올리다 載せる		

📍 表現

친구 신청해도 돼요?　友達申請してもいいですか。

아이디가 뭐예요?　IDは何ですか？

꼭 눌러 주세요.　ぜひ押してください。

트위터/페이스북(페북)/인스타그램　ツイッター/フェイスブック/インスタグラム

팔로잉/리트윗/해시태그(#)/좋아요/하트/알림설정/구독

フォローイング/リツイート/ハッシュタグ(#)/いいね/ハート/通知設定/チャンネ
ル登録

넷째 날
4日目

네 번째 장소 4番目の場所

배달 음식 체험 出前体験

441 음식 시켜 먹기 出前を取る

하루	오늘 저녁은 배달 음식 시켜 먹자.
아키	그럴까? 그런데 호텔에도 배달해 줘?
하루	당연하지! 한국은 영업시간 내에는 어디든지 배달해 줘. 전화 주문도 되고 배달 앱도 많아!
아키	그래? 그럼 한번 주문해 보자. 뭐 먹지?
하루	배달 음식 하면 치맥이지!!

ハル	今日の夕食は出前を頼もうよ。
アキ	そうしようか。ところでホテルにも配達してくれるの？
ハル	もちろん！韓国は営業時間内ならどこでも配達してくれるんだよ。電話注文もできるし、出前アプリも多い！
アキ	そうなの？じゃ、一度注文してみよう。何食べようかな。
ハル	出前と言えばチキンとビールでしょ!!

(単語) ···✈

음식 食べ物、料理	시키다 頼む	먹다 食べる
오늘 今日	저녁 夕食、夕方	배달 配達、出前
그럴까? そうしようか	그런데 ところで	호텔 ホテル
배달하다 配達する	당연하다 当然だ	한국 韓国
영업시간 営業時間	내 内	어디 どこ
전화 電話	주문 注文	되다 できる
배달 앱 出前アプリ	그래? そうなの	그럼 では
한번 一度	주문하다 注文する	뭐 何
치맥 (치킨+맥주) チキンとビール		

📍 表現

점심은 간단하게/가볍게 먹자. お昼は軽く済まそう。

442 전화로 주문하기 電話で注文

점원	네, '안녕 치킨'입니다.
하루	여기 명동호텔인데요, 배달 돼요?
점원	아, 로비에서 받으시면 가능합니다. 주문하시겠어요?
하루	네, 그럼 양념 반, 후라이드 반 주세요.
점원	음료는 어떻게 하시겠어요?
하루	캔맥주 두 개랑 콜라 한 병만 갖다 주세요.
점원	네, 한 30분 정도 걸리니까 도착하면 연락드리겠습니다.

店員	はい、「アンニョンチキン」です。
ハル	ここ、ミョンドンホテルですけど、配達できますか。
店員	あ、ロビーでお受け取りいただければ大丈夫です。注文なさいますか。
ハル	はい、ではヤンニョムとフライドのハーフアンドハーフでお願いします。
店員	お飲み物はいかがなさいますか。
ハル	缶ビール二本とコーラー本をお願いします。
店員	はい、30分ほどかかりますので、到着しましたらご連絡いたします。

単語 ....

전화 電話	주문하다 注文する	치킨 チキン
여기 ここ	호텔 ホテル	배달 配達、出前
되다 できる	로비 ロビー	받다 受け取る
가능하다 可能だ	그럼 では	양념 ヤンニョム
반 半分	후라이드 フライド	주다 くれる
음료 飲み物	어떻게 どのように	하다 する
캔맥주 缶ビール	두 개 2個	콜라 コーラ
한 병 1本	갖다 주다 持って来る	한 約
30[삼십]분 30分	정도 ほど	걸리다 かかる
도착하다 到着する	연락 連絡	드리다 差し上げる

📍 表現

얼마나 걸려요?   どれくらいかかりますか。
주문한 음식이 아직 안 오는데요.   注文した料理がまだ来ないんですが。

443 앱으로 주문하기 アプリで注文

아키 　나 자장면도 먹을래.

하루 　그건 앱으로 시킬까?

아키 　오케이. 일단 앱을 먼저 깔고 음식점 선택하고
　　　자장면 하나하고 탕수육 작은 거 하나 선택하고
　　　계산은 현금 결제 누르고 완료!
　　　일본 앱이랑 비슷해서 생각보다 쉽네.

アキ　　私、ジャージャー麺も食べたい。

ハル　　それはアプリで頼もうか。

アキ　　オッケー。まずアプリをインストールして、お店を選択して、
　　　　ジャージャー麺一つと酢豚の小を一つ選んで、
　　　　会計は現金決済を押して完了！
　　　　日本のアプリと似ていて思ったより簡単だね。

(単語) .... ✈

앱 アプリ	주문하다 注文する	나 私
자장면 ジャージャー麺	먹다 食べる	그건 それは
시키다 頼む	오케이 オッケー	일단 とりあえず
먼저 先に	깔다 (アプリなどを) インストールする	음식점 飲食店
선택하다 選択する	하나 一つ	탕수육 酢豚
작다 小さい	거 の	계산 会計
현금 現金	결제 決済	누르다 押す
완료 完了	일본 日本	비슷하다 似ている
생각 思い	쉽다 簡単だ	

📍 表現

원하는 버튼을 누르면 바로 주문할 수 있어요.
ご希望のボタンを押すとすぐに注文できます。
앗! 잘못 눌렀다.　あっ！押し間違えた。

다섯째 날
5日目

명동(호텔) 明洞（ホテル）

서울역 부근 ソウル駅付近

인천공항 仁川空港

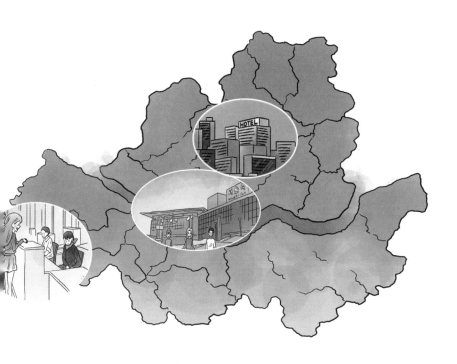

다섯째 날
5日目

첫 번째 장소 最初の場所

명동(호텔) 明洞（ホテル）

511 체크아웃 チェックアウト

하루 　체크아웃 부탁합니다.

직원 　네, 카드 키 주시겠어요?

하루 　여기요.

직원 　네, 결제 완료되셨고요, 혹시 영수증 필요하세요?

하루 　예약한 사이트에서 출력할게요.

직원 　이용해 주셔서 감사합니다.

ハル 　　チェックアウトをお願いします。

職員 　　はい、カードキーをいただけますか。

ハル 　　どうぞ。

職員 　　はい、お支払いはお済みでございます。領収書はご入用ですか。

ハル 　　予約したサイトからプリントアウトします。

職員 　　ご利用ありがとうございました。

(単語) ·····································

체크아웃 チェックアウト　　부탁하다 頼む　　카드 키 カードキー

주다 くれる　　여기요 どうぞ　　결제 決済

완료되다 完了する　　혹시 ひょっとして　　영수증 領収書

필요하다 必要だ　　예약하다 予約する　　사이트 サイト

출력하다 プリントアウトする　　이용하다 利用する

·······································

 ●表現

숙박증명서 부탁드려요. 宿泊証明書をお願いします。

키를 반납해 주세요. キーを返却してください。

512 짐 맡기기 荷物預け

아키	가방 좀 맡길 수 있어요?
직원	네, 가방이 몇 개세요?
아키	이 큰 가방이랑 작은 가방 이렇게 두 개요.
직원	가방 안에 귀중품은 없으세요?
아키	네, 없어요.
직원	짐 찾으실 때 이 번호표를 주시면 됩니다.

アキ	ちょっとカバンを預かっていただけますか。
職員	はい、お荷物はいくつでいらっしゃいますか。
アキ	この大きなカバンと小さなカバンの二つです。
職員	カバンの中に貴重品はございませんか。
アキ	はい、ありません。
職員	お荷物をお受け取りの際、この番号札をお渡しください。

単語 ✈

짐 荷物	맡기다 預ける	가방 カバン
좀 ちょっと	몇 개 何個	크다 大きい
작다 小さい	이렇게 このように	두 개 2個
안 中	귀중품 貴重品	없다 ない
찾다 受け取る	때 時	번호표 番号札
주다 くれる		

📍 表現

짐 맡기는 데가 어디예요?　荷物はどこで預けられますか。

プラス単語

いろいろな食べ物と飲み物

韓国料理 (한식)	갈비, 불고기, 삼겹살, 비빔밥, 삼계탕, 순두부찌개, 김치찌개, 잡채, 치즈 닭갈비, 김밥, 치킨, 파전, 호떡, 떡볶이, 한정식 (韓定食) , 족발 (豚足) ……
和食 (일식)	스시, 덴푸라, 스키야키, 소바, 오코노미야키, 다코야키, 오뎅……
中華料理 (중식)	자장면, 탕수육, 짬뽕 (チャンポン) , 볶음밥 (チャーハン) , 군만두 (焼き餃子) ……
洋食 (양식)	스파게티, 리조토, 햄버거, 비프스테이크, 피자, 샐러드……

탄산음료 炭酸飲料	우유 牛乳	녹차 緑茶	소주 焼酎
주스 ジュース	식혜 シッケ	유자차 ゆず茶	맥주 ビール
커피 コーヒー	생수 ミネラルウォーター	보리차 麦茶	막걸리 マッコリ

飲食店

한정식집 韓定食店	레스토랑 レストラン	고깃집 焼肉屋
횟집 刺身屋	냉면집 冷麺専門店	치킨집 チキン店
빵집/제과점 パン屋	분식집 粉食店	포장마차 屋台
전통 찻집 伝統茶屋	카페/커피숍 カフェ	술집 居酒屋

521 서울로7017 ソウル路7017

하루	예전부터 '서울로' 한번 산책하고 싶었어요.
민수	이 길은 내가 어렸을 때 차들이 다니던 고가도로였어요.
하루	정말이요? 상상이 안 되네.
아키	도로 위의 산책 코스가 색다르고 좋은데요!
민수	여긴 야경이 예쁘니까 밤에 와도 좋을 거예요.

ハル	前から「ソウル路」を一度散歩してみたかったんです。
ミンス	この道は私が小さかった時、車の通る高架道路でした。
ハル	本当ですか。想像できないな。
アキ	道路の上の散歩コースがユニークでいいですね！
ミンス	ここは夜景がきれいなので、夜に来てもいいと思います。

(単語)

서울로7017[칠공일칠] ソウル路7017	예전 以前	한번 一度
산책하다 散歩する	이 この	길 道
내가 私が	어리다 幼い	때 時
차 車	다니다 通る	고가도로 高架道路
정말 本当	상상 想像	안 ～ない
되다 できる	도로 道路	위 上
산책 散歩	코스 コース	색다르다 ユニークだ
좋다 いい	여긴 ここは	야경 夜景
예쁘다 綺麗だ	밤 夜	오다 来る

📍 表現

밤에 오면 더 좋아요.　夜に来ればもっといいです。

522 마트에서 スーパーで

아키	사람이 정말 많네!
하루	어, 근데 다 관광객인 거 같아.
민수	워낙 유명한 마트니까 꼭 들르는 곳이래요.
아키	그래서 외국어를 하는 점원도 있구나.
하루	우리 뭐 산다고 했지?
아키	라면, 김, 과자, 그리고 김치 또 뭐 있더라…
민수	그럼 식품 코너로 가요.

アキ	本当に人が多いね！
ハル	うん、でもみんな観光客っぽいよ。
ミンス	とても有名なスーパーで、必ず立ち寄る所なんですって。
アキ	それで外国語が話せる店員さんもいるんだ。
ハル	私たち何を買うんだっけ？
アキ	ラーメン、海苔、お菓子、それからキムチ、あと何だっけ…。
ミンス	じゃ、食品コーナーに行きましょう。

（単語）..

마트 スーパー	사람 人	정말 本当に
많다 多い	근데 ところで	다 全部
관광객 観光客	워낙 あまりに	유명하다 有名だ
꼭 必ず	들르다 寄る	곳 所
그래서 それで	외국어 外国語	하다 する
점원 店員	있다 いる	우리 私たち
뭐 何	사다 買う	라면 ラーメン
김 海苔	과자 菓子	그리고 そして
김치 キムチ	또 また	그럼 では
식품 食品	코너 コーナー	가다 行く

📍 表現

일본어를 할 줄 아세요? 日本語が話せますか。
여행객 旅行客、필수코스 必須コース、득템（得＋item）アイテムゲット

523 택스리펀드 코너에서
タックスリファンドカウンターで

하루	택스리펀드 받으러 가자.
민수	저기 화장품 코너 옆에 택스리펀드 하는 데가 있네요.
직원	여권이랑 영수증, 물건 보여 주세요.
하루	네, 여기 있습니다.
직원	봉투 안에 택스리펀드 서류가 들어 있으니까 꼭 가져가세요.
하루	네, 감사합니다.

ハル	タックスリファンドを受けに行こう。
ミンス	あそこの化粧品コーナーの隣にタックスリファンドのカウンターがありますね。
職員	パスポートと領収書、品物を見せてください。
ハル	はい、こちらです。
職員	封筒の中にタックスリファンドの書類が入っていますので、必ずお持ちください。
ハル	はい、ありがとうございます。

(単語)

택스리펀드 タックスリファンド	코너 コーナー	받다 受け取る
가다 行く	저기 あそこ	화장품 化粧品
옆 隣	하다 する	데 所
있다 ある	여권 パスポート	영수증 領収書
물건 品物	보이다 見せる	여기 ここ
봉투 封筒	안 中	서류 書類
들다 入る	꼭 必ず	가져가다 持って行く

📍 表現

구매 금액이 3만 원 이상이면 택스리펀드 받을 수 있어요.
お買い上げ金額が3万ウォン以上で、タックスリファンドが受けられます。

531 서울역에서 AREX 열차 타기

ソウル駅でAREX列車の利用

아키	인천공항에 가려면 여기서 AREX 열차를 타면 되는 거죠?
민수	네, 맞아요.
하루	근데 요금이 어떻게 돼요?
민수	9천 5백 원이고요, 좌석은 지정석이에요.
하루	가격도 싸네요. 와이파이도 사용할 수 있어요?
민수	당연하죠. 그럼 지하 2층으로 티켓 사러 갑시다.

アキ	仁川空港に行くには、ここからAREX列車に乗ればいいんですよね？
ミンス	はい、そうです。
ハル	ところで料金はいくらですか。
ミンス	9千5百ウォンで、座席は指定席です。
ハル	値段も安いですね。Wi-Fiも使えますか。
ミンス	もちろんです。それでは地下2階にチケットを買いに行きましょう。

(単語)

서울역 ソウル駅	AREX[아렉스] 空港鉄道	열차 列車
타다 乗る	인천공항 仁川空港	가다 行く
여기서 ここで	맞아요 その通りです	근데 ところで
요금 料金	어떻게 どのように	되다 なる
9[구]천 5[오]백 원 9千5百ウォン	좌석 座席	지정석 指定席
가격 値段	싸다 安い	와이파이 Wi-Fi
사용하다 使用する	당연하다 当然だ	그럼 では
지하 地下	2[이]층 2階	티켓 チケット
사다 買う		

📍 表現

가격이 얼마예요? 値段はいくらですか。

지정석/자유석/가족석/커플석 指定席/自由席/家族用座席/カップル用座席

532 친구와 이별 友達と別れ

하루   민수 씨, 그동안 정말 고마웠어요.

민수   저야말로 즐거운 시간 같이 보낼 수 있어 참 좋았습니다.

아키   민수 오빠, 저도 신세 많이 졌습니다.

하루   겨울에 또 놀러 오고 싶어요.

민수   꼭이요! 벌써부터 기대가 되는데요. 그럼 조심해서 가세요.

하루, 아키 안녕히 계세요~.

ハニ   ミンスさん、これまで本当にありがとうございました。
ミンス   私こそ楽しい時間を一緒に過ごせて本当に良かったです。
アキ   ミンスさん、私もお世話になりました。
ハル   冬にまた遊びに来たいですね。
ミンス   ぜひ来てください！今から楽しみにしていますね。それでは気を
         つけてお帰り下さい。
ハル、アキ さようなら～。

(単語) ┈┈┈┈┈┈┈┈┈┈┈┈┈┈┈┈┈┈┈┈┈┈┈┈┈┈┈┈┈┈┈┈┈ ✈

친구 友達	이별 別れ	씨 さん
그동안 これまで	정말 本当に	고맙다 ありがたい
저 私	즐겁다 楽しい	시간 時間
같이 一緒に	보내다 過ごす	참 本当に
좋다 いい	오빠 お兄さん	신세(를) 지다 世話になる
많이 たくさん	겨울 冬	또 また
놀다 遊ぶ	오다 来る	꼭 必ず
벌써 もう	기대가 되다 楽しみだ	그럼 では
조심하다 気をつける	가다 行く	

📍 表現

너무 짧은 시간이라 아쉽네요.   とても短い間だったので名残惜しいです。

다음에 또 만나요.   今度また会いましょう。

プラス単語

(季節、天気、時の表現)

| 봄 春 | 여름 夏 | 가을 秋 | 겨울 冬 |

맑음 晴れ 　　흐림 曇り 　　비 雨 　　눈 雪
천둥 雷 　　번개 稲妻 　　바람 風 　　회오리바람 竜巻
흐린 뒤 맑음 曇りのち晴れ 　　때때로 비 時々雨

맑다 晴れる 　　비가 오다 雨が降る 　　바람이 불다 風が吹く
흐리다 曇る 　　천둥이 치다, 번개가 치다 雷が鳴る、稲妻が走る

어제 昨日		오늘 今日		내일 明日
지난주 先週	←	이번 주 今週	→	다음 주 来週
지난달 先月		이번 달 今月		다음 달 来月
작년 昨年		올해 今年		내년 来年

541 인천공항 체크인
仁川空港でチェックイン

직원	여권 보여 주시겠어요?
하루	여기 있습니다.
직원	캐리어 안에 배터리나 라이터 같은 거 없으시죠?
하루	네, 없어요. 근데 무게는 괜찮아요?
직원	네, 13 kg입니다.
하루	아, 다행이다.

職員	パスポートを見せていただけますか。
ハル	こちらです。
職員	スーツケースの中にバッテリーやライターのようなものはございませんでしょうか？
ハル	ええ、ありません。ところで、重さは大丈夫ですか？
職員	はい、13kgでございます。
ハル	あ、よかった。

単語 ....✈

인천공항 仁川空港	체크인 チェックイン	여권 パスポート
보이다 見せる	여기 ここ	있다 ある
캐리어 スーツケース	안 中	배터리 バッテリー
라이터 ライター	같다 ～のようだ	거 もの
없다 ない	근데 ところで	무게 重さ
괜찮다 大丈夫だ	13[십삼] kg[킬로그램] 13kg	다행이다 よかった

....

📍 表現

출국 심사　出国審査
무게가 초과 됐습니다.　重量がオーバーしました。

하루	면세품 인도장이 어디예요?
직원	인도장이요? 이 팜플렛을 보시면, A, B, C 세 군데가 있으니까 가까운 곳을 이용하시면 됩니다.

• 대기 번호표를 뽑고 기다리는 중

직원	여권이랑 비행기 티켓, 교환권 보여 주세요.
하루	네, 여기요.
직원	물품 확인하시고 여기 사인해 주세요.

ハル	免税品の引渡しカウンターはどこですか。
職員	引渡しカウンターですね。このパンフレットをご覧いただきますと、A、B、Cの3カ所がありますので、お近くのカウンターをご利用ください。

• 番号札を取って順番待ち

職員	パスポートと飛行機のチケット、引換券をお見せください。
ハル	はい、こちらです。
職員	品物をご確認後、こちらにサインをお願いいたします。

単語 ·· ✈

면세품 免税品	인도장 引渡し場	어디 どこ
이 この	팜플렛 パンフレット	보다 見る
세 군데 3カ所	있다 ある	가깝다 近い
곳 所	이용하다 利用する	대기 待機
번호표 番号札	뽑다 取る	기다리다 待つ
중 中	여권 パスポート	비행기 飛行機
티켓 チケット	교환권 引換券	보이다 見せる
여기요 こちらです	물품 品物	확인하다 確認する
사인하다 サインする		

📍 表現

빠진 것 없는지 확인하세요. 全て揃っているかご確認ください。

543 택스리펀드 받기
タックスリファンドの受け取り

- **세관 출국 신고대**

하루   여기서 물품 확인 도장 받으면 돼요?

직원   네, 여권, 물품확인서, 물건 보여 주세요.

하루   여기요.

직원   확인됐습니다.

하루   저, 택스리펀드는 어디서 받을 수 있어요?

직원   27번, 28번 게이트 부근의 환급 코너로 가시면 됩니다.

- 税関出国カウンターで

ハル   ここで確認書のスタンプをもらえますか。

職員   はい、パスポート、物品確認書、品物を見せてください。

ハル   これです。

職員   確認できました。

ハル   あの、タックスリファンドはどこで受けられますか。

職員   27番、28番ゲート付近の払い戻しカウンターに行ってください。

(単語) ···

택스리펀드 タックスリファンド	받다 受け取る	세관 税関
출국 出国	신고대 申告カウンター	여기 ここ
물품 物品	확인 確認	도장 ハンコ、スタンプ
여권 パスポート	물품확인서 物品確認書	물건 品物
보이다 見せる	확인되다 確認される	저 あの
어디 どこ	27[이십칠]번 27番	28[이십팔]번 28番
게이트 ゲート	부근 付近	환급 払い戻し
코너 コーナー	가다 行く	

📍 表現

복잡해서 못 찾겠다. 複雑で見つからない。

줄이 너무 길어서 오래 걸리겠다. 列が長すぎて時間かかりそう。

544 면세품 구매하기 免税品の購入

하루	혹시 한국 전통술 있어요?
직원	선물하실 거예요?
하루	네, 부모님이요.
직원	그러시면 삼해주나 문배술도 좋고, 계명주도 괜찮습니다.
하루	고민되네….
아키	한글로 쓰여 있는 게 좋지 않아?
하루	그럴까? 그럼 문배술로 주세요.

ハル	韓国の伝統酒はありますか。
職員	プレゼント用でしょうか。
ハル	はい、両親へのお土産です。
職員	それなら、三亥酒やムンベ酒もいいし、鶏鳴酒もいいですよ。
ハル	悩むな…。
アキ	ハングルで書かれている方がよくない？
ハル	そうしようか。じゃ、ムンベ酒をください。

(単語) ⋯⋯⋯⋯⋯⋯⋯⋯⋯⋯⋯⋯⋯⋯⋯⋯⋯⋯⋯⋯⋯⋯⋯⋯⋯⋯⋯⋯⋯⋯⋯

면세품 免税品	구매하다 購入する	혹시 ひょっとして
한국 韓国	전통 伝統	술 酒
있다 ある	선물하다 プレゼントする	부모님 両親
그러시면 それなら	삼해주 三亥酒	문배술 ムンベ酒
좋다 いい	계명주 鶏鳴酒	괜찮다 いい
고민되다 悩む	한글 ハングル	쓰이다 書かれる
그럴까? そうしようか	그럼 では	주다 くれる

⋯⋯⋯⋯⋯⋯⋯⋯⋯⋯⋯⋯⋯⋯⋯⋯⋯⋯⋯⋯⋯⋯⋯⋯⋯⋯⋯⋯⋯⋯⋯⋯⋯⋯⋯

📍 表現

선물로 추천할 만한 거 있어요? プレゼント用に、何かおすすめはありますか。
다 좋아 보여서 못 고르겠다. 全部よさそうで選べない。

545 기내에서 작별 機内でお別れ

아키   아~, 너무 피곤하다.
하루   정말 알찬 여행이었어.
아키   자, 이제 일본으로 고고!
하루, 아키 다음에 또 올게. 서울아, 안녕~.

アキ   あ〜、すごく疲れた。
ハル   本当に充実した旅行だったね。
アキ   さあ、今から日本へゴーゴー！
ハル、アキ 今度また来るね。ソウル、バイバイ〜。

 単語 ···

기내 機内	작별 別れ	너무 とても
피곤하다 疲れた	정말 本当に	알차다 充実している
여행 旅行	이제 もう	일본 日本
고 ゴー	다음 今度	또 また
오다 来る	서울 ソウル	

📍 表現

잊지 못할 한국 여행   忘れられない韓国旅行

参考1：助詞

		母音で終わる単語＋	子音で終わる単語＋
は		는	은
が		가	이
を		를	을
も		도	
と		하고	
		랑	이랑
		와	과
で	手段・方法	로	으로
	場所	에서	
に	場所・時間・順序	에	
	人・動物	한테, 에게, 께	
から	時間・順序	부터	
	場所	에서	
まで	時間・場所	까지	
へ	方向	로	으로
か、や	列挙	나	이나
より	比較	보다	
のように	比較	처럼, 같이	
だけ	限定	만	
しか	限定否定	밖에	

1. 漢字語数詞

1	2	3	4	5	6	7	8	9	10
일	이	삼	사	오	육	칠	팔	구	십
11	12	13	14	15	16	17	18	19	20
십일	십이	십삼	십사	십오	십육	십칠	십팔	십구	이십
30	40	50	60	70	80	90	100	1000	10000
삼십	사십	오십	육십	칠십	팔십	구십	백	천	만

2. 固有語数詞

1	2	3	4	5	6	7	8	9	10
하나	둘	셋	넷	다섯	여섯	일곱	여덟	아홉	열
한	두	세	네						
11	12	13	14	15	16	17	18	19	20
열하나	열둘	열셋	열넷	열다섯	열여섯	열일곱	열여덟	열아홉	스물
열한	열두	열세	열네						스무

30	40	50	60	70	80	90
서른	마흔	쉰	예순	일흔	여든	아흔

1. 月日

	1	2	3	4	5	6
月（月）	일월	이월	삼월	사월	오월	유월
일（日）	일일	이일	삼일	사일	오일	육일
	7	8	9	10	11	12
月（月）	칠월	팔월	구월	시월	십일월	십이월
일（日）	칠일	팔일	구일	십일	십일일	십이일

2. 曜日

月曜日	火曜日	水曜日	木曜日	金曜日	土曜日	日曜日
월요일	화요일	수요일	목요일	금요일	토요일	일요일

3. 時刻

時刻を読むとき「시（時）」には固有語数詞を用い、「분（分）」には漢字語数詞を用いる。

	1	2	3	4	5	6
시（時）	한 시	두 시	세 시	네 시	다섯 시	여섯 시
분（分）	일 분	이 분	삼 분	사 분	오 분	육 분
	7	8	9	10	11	12
시（時）	일곱 시	여덟 시	아홉 시	열 시	열한 시	열두 시
분（分）	칠 분	팔 분	구 분	십 분	십일 분	십이 분

母音字 子音字	ㅏ [a]	ㅑ [ja]	ㅓ [ɔ]	ㅕ [jɔ]	ㅗ [o]	ㅛ [jo]	ㅜ [u]	ㅠ [ju]	ㅡ [ɯ]	ㅣ [i]
ㄱ [k]	가	갸	거	겨	고	교	구	규	그	기
ㄴ [n]	나	냐	너	녀	노	뇨	누	뉴	느	니
ㄷ [t]	다	댜	더	뎌	도	됴	두	듀	드	디
ㄹ [r]	라	랴	러	려	로	료	루	류	르	리
ㅁ [m]	마	먀	머	며	모	묘	무	뮤	므	미
ㅂ [p]	바	뱌	버	벼	보	뵤	부	뷰	브	비
ㅅ [s],[ʃ]	사	샤	서	셔	소	쇼	수	슈	스	시
ㅇ [∅]	아	야	어	여	오	요	우	유	으	이
ㅈ [tʃ]	자	쟈	저	져	조	죠	주	쥬	즈	지
ㅊ [tʃʰ]	차	챠	처	쳐	초	쵸	추	츄	츠	치
ㅋ [kʰ]	카	캬	커	켜	코	쿄	쿠	큐	크	키
ㅌ [tʰ]	타	탸	터	텨	토	툐	투	튜	트	티
ㅍ [pʰ]	파	퍄	퍼	펴	포	표	푸	퓨	프	피
ㅎ [h]	하	햐	허	혀	호	효	후	휴	흐	히
ㄲ [ʔk]	까	꺄	꺼	껴	꼬	꾜	꾸	뀨	끄	끼
ㄸ [ʔt]	따		떠	뗘	또		뚜		뜨	띠
ㅃ [ʔp]	빠	뺘	뻐	뼈	뽀	뾰	뿌	쀼	쁘	삐
ㅆ [ʔs, ʔʃ]	싸		써		쏘	쑈	쑤		쓰	씨
ㅉ [ʔtʃ]	짜	쨔	쩌	쪄	쪼		쭈	쮸	쯔	찌

著者紹介

丁　仁京（ちょん　いんぎょん）
福岡大学共通教育センター外国語講師

金　庚芬（きむ　きょんぶん）
明星大学教育学部教育学科教授

ソウルに会える韓国語会話　アンニョン、ソウル！

初版発行　2023年1月7日

著　者　丁仁京・金庚芬

発行人　中嶋　啓太

編　集　金善敬

イラスト　オセフン

発行所　博英社
　　　　〒370-0006 群馬県 高崎市 問屋町 4-5-9 SKYMAX-WEST
　　　　TEL 027-381-8453 / FAX 027-381-8457
　　　　E・MAIL hakueisha@hakueishabook.com
　　　　HOMEPAGE www.hakueishabook.com

ISBN　　978-4-910132-24-2

定　　価　1,980円 (本体1,800円)